A sociedade de controle

Manipulação e modulação nas redes digitais

edição brasileira© Hedra 2021
organização© Joyce Souza, Rodolfo Avelino e Sérgio Amadeu da Silveira

edição Jorge Sallum
coedição Suzana Salama
assistência editorial Paulo Henrique Pompermaier
revisão Renier Silva
capa Ronaldo Alves

ISBN 978-65-89705-19-2

Grafia atualizada segundo o Acordo Ortográfico da Língua Portuguesa de 1990, em vigor no Brasil desde 2009.

EDITORA HEDRA LTDA.
R. Fradique Coutinho, 1139 (subsolo)
05416–011 São Paulo SP Brasil
Telefone/Fax +55 11 3097 8304
editora@hedra.com.br

www.hedra.com.br

Foi feito o depósito legal.

A sociedade de controle

Manipulação e modulação nas redes digitais

Joyce Souza, Rodolfo Avelino e
Sérgio Amadeu da Silveira (*organização*)

2ª edição

hedra

São Paulo 2021

A sociedade de controle parte de alguns conceitos de Gilles Deleuze, em continuação com a ideia de *sociedade disciplinar* de Michel Foucault, para pensar uma interface inédita das sociedades contemporâneas: a modulação de comportamentos, opiniões, gostos e tendências no ambiente digital. Diferente do controle ou da disciplina, a modulação conduz seus usuários por caminhos oferecidos pelos dispositivos algorítmicos que gerenciam os interesses de influenciadores e influenciados. Os seis artigos aqui reunidos dão uma contribuição original e crítica para pensar a emergente esfera da modulação nas redes digitais.

Joyce Souza é jornalista e cientista social. Doutoranda em Ciências Humanas e Sociais na Universidade Federal do ABC (UFABC), pesquisadora do Laboratório de Tecnologias Livres (LabLivre/ UFABC) e coprodutora do podcast *Tecnopolítica*. É também membra do Movimento das Tecnologias Não Alinhadas (NATM).

Rodolfo Avelino é doutor pelo Programa de Ciências Humanas e Sociais (PCHS) da Universidade Federal do ABC (UFABC), mestre em TV Digital pela Unesp Bauru e bacharel em Sistemas de Informação pelo Centro Universitário Fundação Santo André. É também professor do Insper e pesquisador no Laboratório de Tecnologias Livres (LabLivre/ UFABC), além de componente da diretoria da ONG Coletivo Digital, onde atualmente realiza cursos e eventos relacionados à privacidade e à proteção de dados em ambientes computacionais.

Sérgio Amadeu da Silveira é sociólogo e doutor em Ciência Política pela Universidade de São Paulo (2005). É professor associado da Universidade Federal do ABC (UFABC). Publicou *Comunicação digital e a construção dos commons* (Perseu Abramo, 2007), *Tudo sobre tod@s: Redes digitais, privacidade e venda de dados pessoais* (Edições Sesc, 2017), *Democracia e os códigos invisíveis: como os algoritmos estão modulando comportamentos e escolhas políticas* (Edições Sesc, 2019), entre outros.

Sumário

Os indivíduos tornam-se *dividuais*, divisíveis, e as massas tornaram-se amostras, dados, mercados ou *bancos*.

Post-scriptum sobre as sociedades de controle
GILLES DELEUZE

Sublinhou-se recentemente a que ponto o exercício do poder moderno não se reduzia à alternativa clássica *repressão ou ideologia*, mas implicava processos de normalização, de modulação, de modelização, de informação, que se apóiam na linguagem, na percepção, no desejo, no movimento, etc, e que passam por microagenciamentos.

Mil platôs: capitalismo e esquizofrenia, vol. 5
GILLES DELEUZE & FÉLIX GUATTARI

A expressão e a efetuação dos mundos e das subjetividades neles inseridas, a criação e realização do sensível (desejos, crenças, inteligências) antecedem a produção econômica. A guerra econômica travada em um nível planetário é assim uma guerra estética, sob vários aspectos.

As revoluções do capitalismo
MAURIZIO LAZZARATO

Apresentação
A modulação de opiniões e comportamentos

JOYCE SOUZA, RODOLFO AVELINO E
SÉRGIO AMADEU DA SILVEIRA

Este livro traz reflexões sobre o conceito de modulação. Retirado do universo deleuzeano, a perspectiva da modulação está longe da maturidade e de uma aplicação consensual. Foi em busca de uma definição mais precisa, operacional e consistente que surgiu a ideia desta publicação. As pesquisadoras e pesquisadores aqui reunidos tentam explorar as possibilidades da modulação em suas pesquisas. Assim, apresentam pontos de vista sobre o conceito em construção, nem sempre em uma mesma direção, muitas vezes em sentidos opostos. Mas a motivação é trazer o debate, a dúvida e a polêmica, em vez de mostrar apenas os pontos de concordância.

Nas sociedades de controle, conectadas por tecnologias cibernéticas, principalmente pelas redes digitais, emergiram as plataformas de relacionamento *online* como intermediárias de uma série de interesses, afetos e desejos das pessoas. A modulação pode ser apresentada como uma das principais operações que ocorrem nestas plataformas. Modular comportamentos e opiniões é conduzi-los conforme os caminhos oferecidos pelos dispositivos algorítmicos que gerenciam os interesses de influenciadores e influenciados.

Atualmente, grandes corporações, como o Google, Facebook, Amazon, Apple, entre outras, concentram as atenções e os fluxos de informação nas redes digitais. Para vencer a concorrência, coletam permanentemente dados de seus usuários, traçam seus perfis e tentam mantê-los fiéis e atuantes em suas plataformas de interação. Para algumas pesquisadoras e pesquisadores, somos colocados persistentemente em bolhas com pessoas que pensam e agem de modo semelhante aos nossos. Para outros analistas, participamos de diversas amostras que são vendidas para anunciantes que querem conduzir nossas opções de compra e nosso modo de vida. Maurizio Lazzarato escreveu no livro *As revoluções do capitalismo* que "a empresa não cria o objeto (a mercadoria), mas o mundo onde este objeto existe."

A modulação parece ser uma descrição adequada para um conjunto de procedimentos realizados nas plataformas digitais. Para modular opiniões, gostos e incentivar tendências é preciso conhecer muito bem aquelas pessoas que serão moduladas. Mas, não é possível compreender as técnicas de modulação com o simplismo das velhas teorias de manipulação. Modulação é um conceito bem diferente do de manipulação.

Os capítulos desse livro exploram aspectos distintos da complexidade que pode adquirir o conceito de modulação. No primeiro capítulo, o pesquisador João Cassino parte da perspectiva do filósofo Gilles Deleuze para mostrar a constituição do conceito de modulação diferenciando-o dos processos de manipulação e indicando o papel dos algoritmos nessa jornada. No segundo capítulo, o professor Sérgio Amadeu da Silveira vai descortinar o papel dos algoritmos para conduzir os olhares e a percepção nas redes de relacionamento *online*. No terceiro capítulo, a pesquisadora Débora

Machado problematiza o poder modulador das plataformas e suas possibilidades de alterar comportamentos.

Tratando de definir de modo rigoroso a inteligência artificial e o aprendizado de máquina, a pesquisadora Carla Oliveira mostra, no quarto capítulo, como os algoritmos preditivos estão sendo empregados nesse cenário de modulação. Já Cinthia Monteiro produz uma reflexão sobre a relação entre as práticas de modulação, a biopolítica e a atual ordem neoliberal que domina o sistema econômico e social; e a pesquisadora Mariella Mian busca mostrar o papel da resistência nas sociedades de controle. Mesmo diante de dinâmicas de modulação, diversas resistências se afirmam e se multiplicam em um confronto contínuo.

As reflexões iniciais e exploratórias presentes nessa coletânea são possíveis porque a universidade pública assegura condições para pesquisa sem restrições políticas, culturais ou econômicas. Especificamente, agradecemos e reiteramos a importância da Fapesp que financia uma pesquisa interdisciplinar sobre a regulação algorítmica no setor público. Além disso, as bolsas da Capes apoiam pesquisadoras e pesquisadores que podem se dedicar à atividade científica em nosso País. Enfim, consideramos que o avanço das ciências depende do compartilhamento e da colaboração entre aqueles que buscam compreender a realidade. Por isso, um dos grupos de pesquisa do Laboratório de Tecnologias Livres (LabLivre), da Universidade Federal do ABC (UFABC), apresenta esse esforço inicial de sistematizar o debate sobre um conceito que acreditamos ser importante para analisar a comunicação e o processo político nas redes digitais. Esperamos contar com sua leitura crítica.

Modulação deleuzeana, modulação algorítmica e manipulação midiática

JOÃO FRANCISCO CASSINO[1]

> Quem controla o passado, controla o futuro.
> Quem controla o presente, controla o passado.
>
> *1984*
> GEORGE ORWELL

> Já deixamos a era da disciplina para entrar no tempo do controle.
>
> *As revoluções do capitalismo*
> MAURIZIO LAZZARATO

Qual é a diferença entre os conceitos de *manipulação* e de *modulação*? Este texto tem por objetivo propor uma visão de que os dois termos, apesar de muito próximos, são diferentes e não devem ser utilizados para definir as mesmas coisas. Mais do que isso, sugere diferenciar *modulação* em duas partes: a clássica *modulação deleuzeana* e a *modulação algorítmica*. Como forma de exemplificar esta proposição serão utilizados casos das mídias tradicional, eletrônica e digital e também do *marketing* corporativo. Como contexto histórico,

1. Mestrando em Ciências Humanas e Sociais (UFABC), especialista em Relações Internacionais (UNB), MBA em Gestão Empresarial (FGV-RJ) e graduado em Jornalismo (Cásper Líbero). Funcionário de carreira da BB Tecnologia e Serviços (Conglomerado Banco do Brasil).

mostrar-se-á a transição da *sociedade disciplinar*, nascida nos séculos XVIII e XIX, para a *sociedade de controle*, típica do final do século XX e deste início do século XXI, que surge com as tecnologias de comunicação em massa e, mais recentemente, com o advento e popularização das tecnologias digitais em rede. O gráfico abaixo mostra o fluxo de pensamento a ser desenvolvido nesta abordagem.

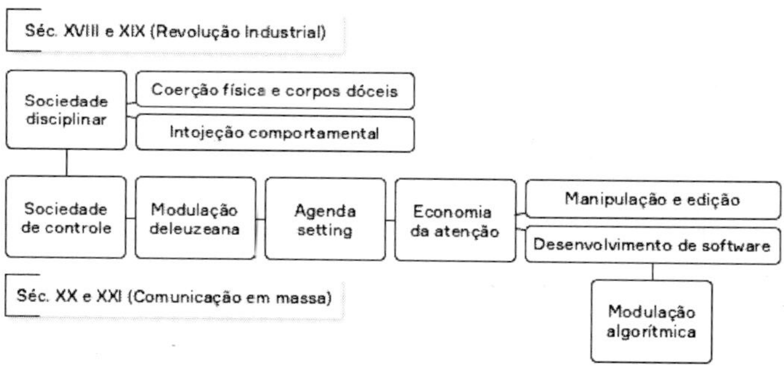

Fluxo de desenvolvimento teórico.

SOCIEDADE DISCIPLINAR E SOCIEDADE DO CONTROLE

Decorrente do pensamento de Michel Foucault, a *sociedade disciplinar* se caracteriza quando, com a função de *docilizar comportamentos,* o poder passa a ser aplicado sobre os corpos dos indivíduos, inclusive pela *coerção física*. A instrumentalização das disciplinas precisa da existência de instituições disciplinares, todas criadas, da forma mais ou menos como as conhecemos hoje, em meados do século XVIII, para suprir as necessidades que surgem com a Revolução Industrial, com o êxodo do rural para o urbano e com a aparição do operário fabril. São dessa mesma época as escolas, os hospitais, as casas de loucos (manicômios) e a prisão panóptica de Jeremy Benthan – instituições que teriam por função docilizar e vigiar as pessoas adequando-as às necessidades do novo modelo capitalista emergente. Aqui há sempre uma autoridade presente, que ensina, comanda e diz o que fazer: o professor, o médico, o psiquiatra, o carcereiro. As instituições feitas para disciplinar os seres humanos têm por derradeiro objetivo *introjetar o comportamento* dentro de cada pessoa, criando hábitos, impondo uma cultura que, mesmo na ausência da vigilância da autoridade, garanta que o agir e o pensar sigam as normas previamente ditadas.

Já a *sociedade de controle*, como explica Lazzarato:

> exerce seu poder graças às tecnologias de ação a distância da imagem, do som e das informações, que funcionam como máquinas de modular e cristalizar as ondas, as vibrações eletromagnéticas (rádio, televisão), ou máquinas de modular e cristalizar pacotes de *bits* [...][2]

A *modulação*, portanto, tem por poder modular, cristalizar, uma determinada subjetividade desejada na memória, no cérebro das pessoas.

> Se as disciplinas moldavam os corpos ao constituir hábitos, principalmente na memória corporal, as sociedades de controle modulam os cérebros, constituindo hábitos sobretudo na memória mental.[3]

Em síntese, a *sociedade disciplinar* precisa da ação da autoridade sobre os corpos, até mesmo da punição física, para a introjeção comportamental. Já a *sociedade de controle* é mais sutil, ocorre à distância, penetrando os cérebros e forjando

2. M. Lazzarato, *As revoluções do capitalismo*. Rio de Janeiro: Civilização Brasileira, 2006, p. 85.
3. *Ibid.*, p. 86.

as mentes com seus mecanismos de influência. Portando, o conceito de *modulação*, criado pelo filósofo francês Gilles Deleuze e amplamente utilizado pelo sociólogo Maurizio Lazzarato, é a base da *sociedade de controle*.

Manuel Castells[4] explica como funcionam os mecanismos de enquadramento da mente. Para ele, o processamento de informações que relacionam o conteúdo e o formato da mensagem com molduras (*frames*) são ativados por mensagens geradas na esfera da comunicação. O poder de quem gera essas informações, no entanto, é limitado por como as pessoas selecionam e interpretam essas informações.

Citando a pesquisa *Pew Global Attitudes Project*, Castells ressalta que somente cerca de 7% das matérias publicadas na mídia nos Estados Unidos da América despertaram muita atenção dos telespectadores, a maioria delas é relativa à segurança ou às violações de normas sociais. "O ódio, a ansiedade, o medo e o grande entusiasmo são particularmente estimulantes e também são retidos na memória de longo prazo",[5] escreve.

Quando mecanismos emocionais são estimulados, o cérebro ativa a capacidade de decisão de nível superior, buscando e dando mais atenção às informações que recebe. É por isso que o enquadramento, ou *framing*, é baseado na provocação de emoções.[6] Como consequência, o jornalismo abusa do sensacionalismo e o *marketing* procura atingir os sentimentos dos consumidores. Inclua-se na lista de Castells o elemento da erotização, fortemente presente nos conteúdos midiáticos.

4. *O poder da comunicação*. São Paulo: Editora Paz e Terra, 2017, p. 209.
5. *Idem*.
6. *Ibid.*, p. 210.

Para o enquadramento de mentes, uma das formas mais poderosas de influência da mídia sobre seus consumidores é a técnica chamada de *Agenda Setting*. Como explica o professor Clóvis de Barros Filho,[7] o termo refere-se à hipótese na qual a agenda temática dos meios de comunicação impõe os temas de discussão social. Se a mídia tradicional veicula matérias sobre a Copa do Mundo de Futebol, por exemplo, espera-se que a sociedade, nos escritórios, nas salas de aulas e nos bares, debatam também sobre a Copa do Mundo. Se o agendamento temático é a violência do tráfico de drogas, esta vira a pauta dos corredores, dos cafezinhos e nos trens. Clóvis de Barros lembra o *slogan* de uma extinta emissora de TV: *Aconteceu, virou manchete*. Logo, presume-se que se não virou manchete, não aconteceu. A mesma lógica pode se aplicar ao *slogan Globo e você, tudo a ver*. Há aqui um duplo sentindo: pode significar conexão total com o telespectador, mas também que tudo o que há para se ver, para se assistir, está na Globo (pelo menos o que há de relevante).

> Esta construção da realidade social operada pelos meios, por intermédio de uma seleção e uma hierarquização arbitrária de eventos, produz efeitos: promove discussões sociais encapsuladas pela barreira do desconhecimento dos temas jogados no lixo das reuniões de pauta dos jornais, ou dos que nem chegaram a ela.[8]

Os editores escolhem quais assuntos serão revelados ao público e quais serão completamente e deliberadamente ignorados, geralmente sob a desculpa de falta de tempo (na

7. Agenda *setting* e educação, em *Comunicação e Educação*, São Paulo, p. 28, 1996.
8. *Idem*.

TV e no rádio) ou de falta de espaço em páginas impressas (em jornais e revistas). Mas os temas que são de interesse comercial ou político das emissoras ganham horas e horas e horas dedicadas na programação.

A *modulação deleuzeana*, base da *sociedade de controle*, que disputa os espaços nos cérebros das pessoas, usando para tal técnicas de enquadramento emocional (*framing*) e de imposição de temas na agenda de debates da vida cotidiana da sociedade (*Agenda Setting*) é tanto um recurso de poder político, social e ideológico quanto um modelo de negócios altamente lucrativo que sustenta o enorme conglomerado de mídia mundial.

Em 1971, Herbert A. Simon afirmou que em um mundo repleto de informações, surge um novo tipo de escassez: a atenção do consumidor. "Portanto, uma grande quantidade de informações cria uma pobreza de atenção e uma necessidade de alocar essa atenção eficientemente entre a superabundância de fontes de informação que poderiam consumi-la".[9] Tal pensamento estimularia que vários pensadores, tais como Thomas H. Davenport e John C. Beck, passassem a utilizar o termo *economia da atenção* para propagar como as organizações empresariais podem se beneficiar do que eles chamam de uma *nova moeda para os negócios*. Entendem que os mercados hoje são "motores movidos pelo combustível da atenção". A atenção é atualmente para as empresas o que as fazendas e os campos foram para as sociedades rurais, o que as fábricas foram para a Revolução Industrial e o que o conhecimento é para a Era da Informação.

9. Designing Organizations for an Information-Rich World. *In*: Greenberger (Ed.). *Computers, communications, and the public interest*. Baltimore: The Johns Hopkins Press, 1971, p. 40–41.

Mas agora, como os fluxos de informações desnecessárias entopem os cérebros dos trabalhadores e das comunicações corporativas, a atenção é um recurso raro que verdadeiramente dá poder a uma empresa.[10]

Dizem ainda que a atenção é um recurso valioso que precisa ser gerenciado como qualquer outro recurso precioso. Uma prova são as pesquisas chamadas *Top of Mind*, realizadas anualmente, que no *marketing* empresarial são usadas para qualificar quais são as marcas mais populares nas mentes dos consumidores. Por meio de entrevistas, pergunta-se qual é o nome do primeiro sabão em pó que lhe vem à cabeça, do primeiro refrigerante, do primeiro tênis, da primeira marca de produtos eletrônicos e assim por diante. Com isso, mede-se a eficiência e a eficácia de uma campanha de publicidade. As marcas mais lembradas, mais cristalizadas nos cérebros, são as vencedoras desta competição empresarial. No Brasil, a pesquisa é realizada anualmente pelo Instituto DataFolha e resulta no prêmio Folha Top of Mind. Em 2017, as marcas campeãs foram, pela ordem, Omo (com 7% de menções), Coca-Cola (4%), Nike (4%) e Samsung (4%).

Por definição, a gestão de *marketing* tem por um de seus objetivos:

criar ou identificar valor, produzindo inovações estratégicas em produtos, processos e modelagem de negócios, a partir de um profundo conhecimento do perfil e das demandas dos mais diferentes públicos e mercados.[11]

10. Davenport & Beck, *The Attention Economy: Understanding the New Currency of Business*. Cambridge: Harvard Business Press, 2002, p. 17.
11. M. Lima *et al*. *Gestão de marketing*. Rio de Janeiro: Editora FGV, 2007, p. 19.

Essa descrição vai ao encontro do que destaca Lazzarato,[12] de que o *Marketing* tem como uma de suas funções ser capaz de *criar mundos* como uma das forças de agenciamento de expressão. Mais do que isso, o *marketing* seria o centro estratégico das empresas, pois a prática mercadológica seria a de reduzir as possibilidades das criações e das escolhas, com foco em forçar as opções sob o jugo de decisões pré-definidas pelas corporações. Tais opções são limitadas, mas se mostram como liberdade de escolha aos compradores, ainda que a liberdade de escolher se resuma ao que as empresas ofertam.

> As sociedades de controle caracterizam-se assim pela multiplicação da oferta de *mundos* (de consumo, de informação, de trabalho, de lazer). Trata-se porém de mundos lisos, banais, formatados, porque são mundos da maioria, vazios de toda singularidade.[13]

Mas, pergunta Lazzarato,[14] como o *marketing* pode produzir a mudança na sensibilidade do consumidor e estimulá-lo a comprar? Que tipo de subjetivação é mobilizada pela publicidade? Para ele, o turbilhão de encadeamento de imagens e sons cria uma nova sensibilidade em quem assiste àquele conteúdo. Revela um mundo possível que existe, mesmo que exista somente no universo da própria propaganda. Referem-se aos signos de mundos possíveis, gerando desejos de pertencimento a esses mundos (assim como frustrações por não conseguir integrá-los). Justamente ao criar mundos e propagá-los – e impedir que outras multiplicidades concorren-

12. *As revoluções do capitalismo, op. cit.*, p. 101.
13. *Idem.*
14. *Ibid.*, p. 103.

tes se constituam – é quando a *sociedade de controle* assume a forma da expropriação capitalista contemporânea.[15]

Criar mundos custa caro. O investimento em *marketing* é tão importante quanto o desenvolvimento e a fabricação dos próprios produtos e consome parte considerável da verba das empresas. A pesquisa CMO *Spend Survey 2017–2018* da consultoria Gartner, que anualmente questiona os principais executivos de *marketing*, os *Chief Marketing Officers*, sobre o quanto e como gastam seus recursos, mostrou que entre os anos 2014 e 2017, os investimentos no setor estiveram em torno de 11,3% a 12,1%, em média, para cerca de 350 grandes empresas respondentes. Note que se trata de corporações com faturamento bilionário. Dez porcento de US$ 1 bilhão são US$ 100 milhões, verdadeiras fortunas. Porém, dependendo do setor, como o do cinema norte-americano, o investimento em divulgação pode ser equivalente a 50% do quanto se gastou para produzir o filme. Um fato a observar aqui é a tendência de investimento das empresas – dois terços dos CMOs disseram que planejam aumentar a verba de propaganda digital, enquanto as mídias tradicionais deverão perder recursos progressivamente.

O livro *A estratégia do oceano azul: como criar novos mercados e tornar a concorrência irrelevante*, de W. Chan Kim e Renée Mauborgne, é um *best seller* bastante recomendado por professores de cursos de MBA em Gestão Empresarial ou de Gestão de *marketing*. A premissa é simples: o *oceano* da competição do mercado é um oceano vermelho, manchado de sangue pela concorrência brutal (metaforicamente falando), repleto de rivais que lutam entre si por uma parcela de lucros cada vez menor. O segredo do *oceano azul* é gerar novos e intocados

15. *Ibid.*, p. 178.

espaços de mercado prontos para o crescimento. "Os *oceanos azuis* se definem como espaços de mercado não aproveitados e pela criação de demanda e oportunidades para um crescimento altamente rentável", escrevem.[16] Nos *oceanos azuis*, a competição perde sua validade e as regras daquele jogo ainda não existem. Assim, *oceano azul* pode ser comparada com a *criação de mundos* descrita por Lazzarato. A criação de oceanos azuis deve ser contínua. Há cem anos, indústrias como a automobilística, a de aviação ou a petroquímica simplesmente não existiam. Da mesma forma, um estudo da consultoria McKinsey, de 2017, afirma que, até o ano de 2030, entre 400 e 800 milhões de profissionais vão perder seus empregos. De 800 profissões, em 46 países, até um terço dos trabalhos atuais poderão ser automatizados em pouco mais de uma década.

MODULAÇÃO E MANIPULAÇÃO

Se a *modulação deleuzeana* é ocupar espaço nos cérebros à distância, utilizando técnicas de enquadramento mental, de agendamento temático e de retenção da atenção para *criar mundos* e vender *oceanos azuis*, em seu interior está indubitavelmente contida a ação de *manipular* conteúdos de mídia, sejam tradicionais, eletrônicos ou digitais. No entanto, a *modulação deleuzeana* é mais ampla do que a mera *manipulação*. O gráfico abaixo propõe uma estrutura de conjuntos de quatro itens que compõem a *modulação deleuzeana*:

O primeiro subconjunto, o jornalismo informativo, tem por função básica a prestação de serviço à comunidade e dar informações relevantes àquele povo, cidade ou país. Quando,

16. Kim & Mauborgne, *A Estratégia do Oceano Azul*. Rio de Janeiro: Campus, 2005, p. 5.

Subconjuntos da modulação deleuzeana.

por exemplo, cai uma ponte que obstrui a principal avenida de uma localidade, o jornalismo, até para se viabilizar como produto de mídia e ter credibilidade para disputar a Economia da Atenção, precisa noticiar aquele fato. Nem sempre o editor vai querer manipular a realidade, pelo contrário, dependendo da situação, pode pôr em prática o ideal da reportagem imparcial, que apura informações e consulta várias fontes.

O segundo item, a propaganda e o *marketing* não esconde do consumidor que sua intenção é vender-lhe produtos, portanto, por mais que utilize técnicas de sedução do cliente, não há que se falar em *manipulação*, pois o desejo de influenciar é explícito.

Por *manipulação*, entendemos, em língua portuguesa,[17] o ato de preparar com as mãos, manusear, manejar, condicionar, influenciar – geralmente em proveito próprio, adulterar, falsificar. A *manipulação de mídia* é uma técnica bastante utilizada tanto no meio tradicional quanto nos meios digitais. Surge, porém, com a mídia *broadcast* (que consiste em enviar, projetar e transmitir um mesmo conteúdo em larga escala, atingindo o maior número de pessoas possível). O caminho do *broadcast* é de mão única: parte de um emissor e atinge um receptor. Há diversas teorias de comunicação que estudam profundamente o problema – da Escola de Frankfurt a Jesús Martín-Barbero, com interpretações profundamente diferentes. A relação emissor-receptor, portanto, guarda similaridade com as *sociedades disciplinares* e suas figuras de autoridade professor-aluno, médico-paciente, psiquiatra-louco, carcereiro-prisioneiro. Temos aqui as relações TV-telespectador, rádio-ouvinte, jornal-leitor. A mídia limitada pelo *broadcast* precisa lançar mão de estratégias e táticas diversas para atingir seus objetivos de modulação. A *manipulação* é uma delas. Um exemplo notório do que é manipular (preparar com as mãos) foi a edição do último debate presidencial das eleições brasileiras de 1989, a primeira pós-redemocratização, ocorrido em 14 de dezembro, entre Fernando Collor de Mello e Luiz Inácio Lula da Silva. O caso é estudado em praticamente todas as faculdades de jornalismo, um episódio quase obrigatório. No dia seguinte ao debate, a Rede Globo de Televisão veiculou duas matérias, uma no Jornal Hoje e outra no Jornal Nacional, ambas desequilibradas, mas foi a segunda que gerou grande polêmica. A emissora selecionou os melhores momentos do candidato que apoiava (Collor) e os momentos

17. Segundo o Dicionário Online Priberam.

com pior desempenho de Lula. Além disso, foi destinado a Collor um minuto e meio a mais do que ao candidato petista. No final da década de 1980, quando não existia o contraponto das redes sociais digitais, a força do principal programa jornalístico da Globo tinha um poder de influência muito maior do que é hoje (e que ainda é muito forte). Naquele dia, o JN atingiu 66 pontos na pesquisa Ibope, que mede a audiência televisiva. A própria emissora admite[18] que:

> [...] os responsáveis pela edição do Jornal Nacional afirmaram, tempos depois, que usaram o mesmo critério de edição de uma partida de futebol, na qual são selecionados os melhores momentos de cada time. Segundo eles, o objetivo era que ficasse claro que Collor tinha sido o vencedor do debate, pois Lula realmente havia se saído mal.[19]

Desta forma, nota-se que a manipulação se deu porque alguém, um editor, assistiu ao debate, minuto a minuto, capturou trechos de seu interesse, montou uma ordem como um quebra-cabeça, com seus próprios dedos, literalmente, com o objetivo de induzir o voto de quem assistia. Esse é o ponto central na proposição que é feita neste capítulo: a manipulação, ressalte-se, precisa ter intenção de ludibriar a interação humana, mesmo que fazendo uso de recursos tecnológicos de comunicação. É preciso realizar a ação de manejar, de pôr em prática, de colocar deliberadamente em funcionamento uma dinâmica que induza, que iluda.

O quarto subconjunto, a *modulação algorítmica*, pode sim ter o objetivo de influenciar comportamentos como a *manipulação de mídia*, mas funciona de forma completamente diversa. Lazzarato diz que o *marketing* via Internet toca os indivíduos em sua singularidade e os reduz a mostras nos

18. Conforme publicado em *hedra.com.br/r/vQo*.
19. *In*: Memória Globo.

bancos de dados, diferenciando os consumidores em nichos específicos de forma muito mais eficiente do que se faz com meras pesquisas de mercado.[20]

A mecânica é simples: ao depender do conteúdo veiculado pelas emissoras televisivas (*broadcast*), o espectador fica restrito à pauta estabelecida pelos veículos de comunicação (*agenda setting*). Na rede mundial de computadores, o conteúdo é buscado conforme o interesse direto e imediato do internauta. Por exemplo, na época em que as músicas eram ouvidas somente via rádio ou pela emissora MTV, os fãs de uma banda ou de um músico mantinham seus aparelhos ligados e esperavam muito tempo para escutar uma determinada canção. Contavam com a boa vontade (e com o interesse comercial) de quem fazia a programação musical. Hoje, com os serviços de *streaming*, como YouTube e Spotify, a música é desfrutada no momento que se quer. O consumo de conteúdo é sob demanda. Com esta nova realidade de *modulação algorítmica*, *manipular a mídia* torna-se uma técnica muito restrita para exercer a *modulação deleuzeana*.

A inteligência artificial, operada por *softwares*, é a *alma* dos robôs e dos dispositivos autômatos. Grandes e diversificadas bases de dados são os insumos que os algoritmos de inteligência artificial precisam para trabalhar. Quanto mais informações disponíveis às máquinas, mais condições elas terão de apresentar um melhor desempenho analítico e preditivo aos seus utilizadores. Já *Big Data* é o nome dado pelo mercado para o armazenamento, integração, processamento e tratamento destas gigantescas bases de dados geradas cotidianamente pela sociedade global conectada. Como explica o professor de direito norte-americano Frank Pasquale, em

20. M. Lazzarato, *As revoluções do capitalismo*, *op. cit.*, p. 182.

seu livro *The Black Box Society*, de 2015, o *Big Data* permite o funcionamento de um complexo padrão de técnicas de reconhecimento e análise de massivos volumes de dados que buscam racionalizar decisões e substituir intermediários. De posse da enorme quantidade de dados pessoais recolhidas pela inteligência artificial e processadas por *Big Data*, os profissionais de *marketing* e os desenvolvedores de *softwares* têm um colosso de oportunidades jamais visto para criar mundos e vender oceanos azuis, ampliando os lucros de suas empresas.

O sociólogo Sérgio Amadeu da Silveira, em seu livro *Tudo sobre tod@s – Redes digitais, privacidade e venda de dados pessoais*, explica que o processamento e mineração de informações envolve a agregação dos dados coletados e armazenados pelas tecnologias digitais, enriquecendo o perfil pessoal de cada indivíduo de maneira bastante detalhada (2017, eBook Kindle, posição 889). Estes perfis e coletas criam enormes oportunidades para novos produtos e serviços. Como escreve Hayash:

> as atividades do processo de gestão de *marketing* dependem necessariamente de algum tipo de conhecimento de mercado. Um mundo em mudança exige constante coleta de informações para assegurar a capacidade de atender às demandas dos mercados [...][21]

Philip Kotler e Kevin L. Keller escrevem que:

> telefones celulares, video-games e a Internet estão reduzindo a atenção dada à mídia tradicional, bem como a interação social face a face uma vez que as pessoas ouvem música ou assistem a um filme em seus telefones celulares. Os profissionais de *marketing* devem acompanhar as seguintes tendências tecnológicas.[22]

21. M. Lima, *Gestão de marketing*, *op. cit.*, p. 23.
22. *Administração de marketing*. São Paulo: Pearson Prentice Hall, 2013, p. 85.

Os canais de comunicação de *marketing* digital, como *websites*, e-mails, blogs, plataformas de áudio e vídeos digitais são importantes ferramentas de ponto de contato e de encontro na rede mundial de computadores e fornecem *feedback* aos seus administradores. Esta é a principal diferença para o mundo do *broadcast*. Nas mídias digitais, os canais são bidirecionais ou multidirecionais. Da mesma forma que a *sociedade de controle* não substituiu a *sociedade disciplinar*, mas a complementou, as redes digitais interativas não substituíram as redes de *broadcast*, mas as influenciaram e as complementaram. Serviços de Internet, como os grandes portais Universo Online (UOL) ou G1 (Globo.com), são ferramentas *online* que tentam reproduzir a lógica do *agenda setting* e do *broadcast*. O fato é que a *modulação* precisa ser feita agora mais do que pela mera *manipulação* midiática, de um editor humano, mas pela mediação de algoritmos, de inteligência artificial, subsidiados por gigantescas bases de dados, cujos resultados de influência na retenção da atenção e nas decisões de compra são sim pré-definidas por profissionais humanos de *marketing* e desenvolvedores de *softwares*, mas que as sugestões de indução de consumo são efetuadas por máquinas que tentam prever os comportamentos dos consumidores fundamentadas por experiências anteriores. Kotler e Keller[23] descrevem o caso da empresa *Best Buy*, que montou uma base de dados de 15 terabytes de 75 milhões de residências. Foram captadas todas as formas de interação com clientes (telefonemas, cliques de *mouse*, cupons de desconto). Algoritmos classificaram 100 milhões de clientes em categorias (fanáticos por tecnologia, mãe moderna, profissional bem-sucedido, pai de família). Com essas informações, a empresa emprega *marke-*

23. *Ibid.*, p. 73.

ting de precisão para *modular* clientes e melhorar suas vendas. O consumidor capturado, ranqueado e categorizado por um *novo mundo*, por um *oceano azul*, tem reforçada sua posição de refém dos dispositivos de poder capitalista para produção e apropriação de riquezas.

A CONCRETIZAÇÃO DA MODULAÇÃO À DISTÂNCIA

A evolução da *sociedade disciplinar*, dos séculos XVIII e XIX, que dependia da presença física da autoridade e muitas vezes do castigo corporal para garantir a docilidade das pessoas em favor do sistema dominante, soma-se nos séculos XX e XXI às técnicas da *sociedade de controle*, que permite modular cérebros à distância. O conceito de modulação, proposto por Gilles Deleuze e trabalhado por Lazzarato, pode ser decomposto em subconjuntos, dentre os quais os mais relevantes para este capítulo são a *manipulação midiática* e a *modulação algorítmica*. Enquanto a manipulação exige que um ser humano exerça o manejo de uma ação planejada para direcionar um conteúdo de mídia *broadcast*, a modulação algorítmica usa as mais avançadas técnicas de inteligência artificial para induzir os comportamentos dos usuários das tecnologias de informação e comunicação. Por ter acesso a uma enorme quantidade de dados pessoais de cada indivíduo e ser gerida por códigos computacionais, a modulação algorítmica atua de maneira personalizada, prevendo gostos e preferências de cada um, sendo a tecnologia mais eficaz para *criar mundos*, gerar *oceanos azuis* e vender produtos ou ideias.

BIBLIOGRAFIA

BARROS FILHO, Clóvis de. Agenda *setting* e educação. *Comunicação e Educação – Revista do Departamento de Comunicações e Artes da ECA/USP*, São Paulo, p. 27–33, 1996. Disponível em *hedra.com.br/r/wHi*.

BASTA, Darci *et at*. *Fundamentos de marketing*. 7ª Edição. Série Gestão Empresarial. Rio de Janeiro: Editora FGV, 2006.

CASTELLS, Manuel. *O poder da comunicação*. 2ª Edição. São Paulo: Editora Paz e Terra, 2017, p. 209–210.

DAVENPORT, Thomas H. & BECK, John C. *The Attention Economy: Understanding the New Currency of Business*. Cambridge: Harvard Business Press, 2002, p. 17.

FOUCAULT, Michel. *Microfísica do poder*. 8ª. ed. Rio de Janeiro: Graal, 1989.

GREGÓRIO, Rafael. Omo, Coca-Cola, Nike e Samsung são as marcas mais lembradas no Brasil. *Folha de S. Paulo*, 30 de outubro de 2017. Disponível em *hedra.com.br/r/oBU*.

KIM, Chan & MAUBORGNE, Renée. *A Estratégia do Oceano Azul: como criar novos mercados e tornar a concorrência irrelevante*. Rio de Janeiro: Campus, 2005.

KOTLER, P. & KELLER, Kevin L. *Administração de marketing*. 14ª ed. São Paulo: Pearson Prentice Hall, 2013.

LAZZARATO, Maurizio. *As revoluções do capitalismo*. Rio de Janeiro: Civilização Brasileira, 2006.

———. *Signos, máquinas e subjetividades*. São Paulo: Edições Sesc/n-1 edições, 2014.

LIMA, Miguel Ferreira *et. al*. *Gestão de marketing*. 8ª ed. revista e atualizada. Rio de Janeiro: Editora FGV, 2007.

MCINTYRE, Ewan & VIRZI, Anna Maria. *CMO Spend Survey 2017–2018: Budgets Recede Amid Demand For Results*. EUA: Gartner Inc., 2017.

MEMÓRIA GLOBO. *Debate Collor x Lula*. Online. Disponível em *hedra.com.br/r/fRQ*.

PASQUALE, Frank. *The black box society: the secret algorithms that control money and information*. Cambridge: Harvard University Press, 2015.

SILVEIRA, Sergio Amadeu da. *Tudo sobre tod@s: redes digitais, privacidade e venda de dados pessoais*. São Paulo: Edições Sesc, 2017.

SIMON, Herbert A. Designing Organizations for an Information-Rich World. *In:* GREENBERGER, M. (Ed.). *Computers, communications, and the public interest.* Baltimore: The Johns Hopkins Press, 1971, p. 40–41.

A noção de modulação e os sistemas algorítmicos[1]

SÉRGIO AMADEU DA SILVEIRA

Este texto contém uma reflexão sociológica sobre alguns processos existentes nas plataformas de comunicação e relacionamento *online* que podem ser descritos e enquadrados pela noção de modulação. Esse termo também utilizado no texto de Gilles Deleuze sobre as sociedades de controle foi resgatado dos escritos sobre tecnologia de Gilbert Simondon. É importante ressaltar que a direção da reflexão aqui apresentada não será o debate ontológico, metafísico ou filosófico. A pretensão, aqui, é levantar alguns pontos para a análise da modulação como expediente fundamental da comunicação no capitalismo, em sua fase neoliberal.

Caso sigamos os trajetos das unidades que se comunicam e interagem na Internet logo veremos uma grande concentração de atenções nas plataformas de relacionamento chamadas de redes sociais *online*. Somente o Facebook, a maior dessas plataformas, ultrapassou 2 bilhões de usuários em 2018.

1. Este texto é fruto das reflexões originadas na pesquisa "A regulação algorítmica do setor público: mapeamento teórico-programático", processo 2017/14412-0, apoiada pela Fundação de Amparo à Pesquisa do Estado de São Paulo (FAPESP). As opiniões, hipóteses e conclusões ou recomendações expressas neste material são de responsabilidade do autor e não necessariamente refletem a visão da FAPESP.

No Brasil, em 2017, essas redes sociais foram acessadas por 78% das pessoas conectadas à Internet, com mais de 10 anos.[2] Plataformas de vídeo *online*, tal como o Youtube, possuem canais com mais de 37 milhões de inscritos, sendo extremamente populares em todos os segmentos sociais.

As plataformas foram adquirindo relevância conforme a Internet se popularizava, principalmente, a partir dos anos 2000, com o sucesso dos sites que permitiam relacionamentos entre pares, com a explosão do compartilhamento nas chamadas redes P2P, ou *peer-to-peer*. O sucesso da cultura do compartilhamento foi reconhecido pelo mercado que buscou operar a capitalização desse modelo. A audiência dos sites produtores de conteúdos foi superada pelas plataformas de interação em que os usuários produziam as matérias e os objetos. O surgimento e o espraiamento dos blogs já haviam demonstrado que a colaboração e a produção distribuída de conteúdos eram práticas envolventes e atraentes de milhares de pessoas. Em 2003 é lançado o LinkedIn. Em 2004, o Orkut é inaugurado em janeiro e o Facebook em fevereiro. O Youtube foi criado em 2005 e o Twitter nasceu em 2006. O êxito dessas plataformas incentivou a proliferação de modelos de negócios baseados na intermediação entre ofertantes e demandantes de serviços e mercadorias. O Airbnb surgiu em 2008 e o Uber no ano seguinte.

Em 2009, as redes P2P representavam mais de 50% do tráfego da Internet. Todavia, a indústria do *copyright* trocou sua estratégia de criminalização do compartilhamento de arquivos digitais pela apropriação privada do trabalho colaborativo, pelo barateamento dos serviços e produtos digitais e pela negociação das informações dos seus usuários nos

2. Cetic, 2018.

mercados de dados pessoais. Hoje, os serviços pagos em plataformas de *streaming* audiovisuais representam mais de 60% do fluxo do tráfego nas redes digitais. Em outubro de 2008, o Spotify inicia sua operação. Em 2011, o Netflix já contava com 23 milhões de assinantes apenas nos Estados Unidos. O Instagram começa a operar em 2010 e é adquirido pelo Facebook em 2012. O Waze é lançado em 2008 e adquirido pelo Google em 2013.

A popularização e a queda dos preços dos *smartphones* e a expansão das redes *wi-fi* ampliaram a conectividade e o tempo médio de utilização da Internet. Esse fato aumentou o poder de intermediação das operadoras de telecomunicação que havia sido minimizado com a expansão ds serviços de voz e imagem sobre IP da Internet, mas não reduziu a força das plataformas. Em 2016, o faturamento unicamente das quatro corporações proprietárias das maiores plataformas da Internet atingiu US$ 469,3 bilhões: Apple 215,6 bi, Amazon 135,9 bi, Google 90,2 bi e Facebook 27,6 bi. Esse número representa 26% do PIB brasileiro no mesmo período, US$ 1,796 trilhão.[3].

As plataformas ganharam ainda mais poder quanto mais armazenavam dados dos seus clientes para construírem amostras que permitiam às empresas de *marketing* atingirem com precisão aqueles que elas buscavam influenciar. O *microtargeting* é muito mais eficiente do que as técnicas massivas de propaganda. O mundo industrial forjou tecnologias que não eram as mais propícias para a coleta de dados, mas as tecnologias da informação permitiam realizar as transações e, simultaneamente, gerar dados sobre como elas ocorreram e

3. Informações obtidas no relatório de 2016 da Statista, disponível em *hedra.com.br/r/Fp5*.

quem as realizou.[4] O *Big Data*, o *machine learning* e os sistemas algoritmos preditivos aprimoraram a capacidade de tratar e analisar as informações obtidas nas plataformas. Eli Pariser em 2011 alertou-nos que essas plataformas filtram nossa comunicação, analisam nossos comportamentos e nos inserem em bolhas de pessoas semelhantes.

Um grande mercado de dados e uma microeconomia da interceptação de informações pessoais se fortaleceu a partir do final da primeira década do século XXI.[5] A limitação desse mercado só pode ser dada pelas legislações de proteção de dados pessoais e pelo direito à privacidade. Todavia, Shoshana Zuboff em 2015 nos mostrou que as corporações que operam essa economia atuam nos vazios legais e nas fragilidades das leis e dos seus órgãos de execução. Diante do avanço das gigantescas plataformas norte-americanas e chinesas, diversas empresas dos demais mercados passaram a temer pelos seus negócios e se somaram aos esforços dos ativistas pelos direitos digitais em busca da aprovação de legislações de proteção de dados. Mesmo assim, tais peças legais, em geral, não podem impedir ou simplesmente bloquear as plataformas que se alimentam de dados pessoais, uma vez que seu tamanho e a popularização de seu modelo de gratuidade não tem como ser repentinamente revertidos. Em geral, essas leis baseiam-se no consentimento inequívoco e consciente dos usuários de que seus dados serão coletados e compartilhados. Obviamente, o efeito desse consentimento é pequeno, pois as pessoas, na maioria das vezes, não têm opção de negar a entrega de determinados dados diante da necessidade de uso do serviço.

4. N. Srnicek, *Platform capitalism*. Nova Jersey: John Wiley & Sons, 2017.
5. S. A. da Silveira, *Tudo sobre tod@s: redes digitais, privacidade e venda de dados pessoais*. São Paulo: Edições Sesc, 2017.

As plataformas se alimentam de dados pessoais que são tratados e vendidos em amostras com a finalidade de interferir, organizar o consumo e as práticas dos seus clientes. Em geral, os conteúdos desses espaços virtuais são produzidos ou desenvolvidos pelos seus próprios usuários que, ao mesmo tempo, entregam seus dados pessoais e seus metadados de navegação para os donos desses serviços. Desse modo, não há nenhum exagero em nomear o capitalismo informacional em capitalismo de vigilância.[6] Aqui, podemos realçar que a grande concentração das atenções e do dinheiro dos demais segmentos da economia nas plataformas se dá porque elas conseguem modular as percepções e os comportamentos em escala inimaginável até a sua existência.

AS PLATAFORMAS E A MODULAÇÃO DO OLHAR E DO AFETO

As teorias funcionalistas da manipulação nasceram nas primeiras décadas do século XX enfatizando que o público poderia ser alvo de mensagens bem estruturadas que o atingiriam como uma bala mágica levando as massas a adotarem determinadas opiniões.[7] As análises mais simplistas até as mais sofisticadas, como a hipótese do agendamento ou *Agenda-setting theory*,[8] trabalham com a produção do discurso, princi-

6. S. Zuboff, Big other: surveillance capitalism and the prospects of an information civilization. *Journal of Information Technology*, v. 30, n. 1, p. 75–89, 2015.
7. M. Defleur, *Teorias da comunicação de massa*. Rio de Janeiro: Zahar 1993.
8. A *Agenda-setting theory*, de Maxwell McCombs e Donald Shaw, propõe que a cobertura jornalística mesmo que não consiga determinar uma opinião, é eficiente para pautar a sociedade e fazê-la pensar sobre um determinado assunto.

palmente, das narrativas. A manipulação se dá fundamentalmente pelo discurso.

As principais plataformas de relacionamento *online* não produzem conteúdos. Não realizam discursos, nem criam narrativas. Quem faz o conteúdo do Facebook, Youtube, Twitter, Instagram, LinkedIn, Snapchat são seus próprios usuários. Assim, as possíveis tentativas de condução da opinião e até mesmo de manipulação estariam descentralizadas ou, ainda, distribuídas nas redes e exclusivamente praticadas pelos usuários dessas plataformas. Poderíamos até lançar a hipótese de que as plataformas teriam pouca condição de interferir nos processos de formação da opinião. Nada mais equivocado.

Aqui pretendo mostrar que a noção de modulação é mais adequada para tratar dos processos de formação de opinião nas plataformas de relacionamento *online*, especialmente, nas chamadas redes sociais. No mundo pré-Internet, o discurso das mídias era o que adquiria maior impacto. A escassez induzida de canais de comunicação corroborava com a concentração das atenções em um conjunto de produtores e distribuidores de narrativas. No mundo da Internet, na fase do predomínio das plataformas, os conteúdos são produzidos de modo distribuído, mesmo que assimétricos, e por elas organizados.

A organização daquilo que é postado e disposto nos circuitos fechados das plataformas não é realizado livremente pelos seus criadores. As plataformas possuem sua própria arquitetura de informação que é centralizada, completamente diferente da topologia distribuída da Internet. O fluxo de acesso aos conteúdos também é definido pelos gestores das plataformas. A descrição do sociólogo Manuel Castells parece descortinar o processo de controle existente nessas redes fechadas:

Em um mundo de redes, a capacidade para exercer controle sobre os outros depende de dois mecanismos básicos:

1. A capacidade de constituir redes e de programar/reprogramar as redes segundo os objetivos que lhes atribuam;
2. A capacidade para conectar diferentes redes e assegurar sua cooperação compartilhando objetivos e combinando recursos, enquanto se evita a competência de outras redes estabelecendo uma cooperação estratégica.[9]

As plataformas reúnem pessoas que querem ou necessitam se agrupar ou pertencer às redes de amizade, negócios, afetos, entretenimento. Como integrantes, essas pessoas têm o poder de entrar ou abandonar a plataforma, muito diferente do poder que os gestores ou que os donos desses redes privadas detêm. Um dos principais modos de controle que os gestores das plataformas possuem sobre seus usuários se dá pela modulação das opções e dos caminhos de interação e de acesso aos conteúdos publicados.

A modulação é um processo de controle da visualização de conteúdos, sejam discursos, imagens ou sons. As plataformas não criam discursos, mas possuem sistemas algoritmos que distribuem os discursos criados pelos seus usuários, sejam corporações, sejam pessoas. Assim, os discursos são controlados e vistos, principalmente, por e para quem está dentro dos critérios que constituem as políticas de interação desses espaços virtuais. Para engendrar o processo de modulação não é preciso criar um discurso, nem uma imagem ou uma fala, apenas é necessário encontrá-los e destiná-los a segmentos da rede ou a grupos específicos, conforme critérios de impacto e objetivos previamente definidos.

9. M. Castells. *Power communication*. New York: Ed. Oxford, 2009, p. 76.

Para modular é necessário reduzir o campo de visão dos indivíduos ou segmentos que serão modulados. É preciso oferecer algumas alternativas para se ver. A modulação encurta a realidade e a multiplicidade de discursos e serve assim ao *marketing*. Os sistemas algorítmicos filtram e classificam as palavras-chaves das mensagens, detectam sentimentos, buscam afetar decisivamente os perfis e, por isso, organizam a visualização nos seus espaços para que seus usuários se sintam bem, confortáveis e acessíveis aos anúncios que buscarão estimulá-los a adquirirem um produto ou um serviço. A modulação opera pelo encurtamento do mundo e pela oferta, em geral, de mais de um caminho, exceto se ela serve aos interesses de uma agência de publicidade, instituição ou uma corporação compradora. Assim, ficamos quase sempre em bolhas que prefiro chamar de amostras, filtradas e organizadas conforme os compradores, ou melhor, anunciantes.

Para que o processo de modulação seja eficiente e eficaz, as plataformas precisam conhecer bem cada um que interage em seus espaços ou dispositivos. Por isso, a modulação é um recurso-procedimento do mercado de dados pessoais e um estágio na cadeia da microeconomia da interceptação de dados pessoais. A captura ou a colheita de dados é o primeiro passo. O armazenamento e a classificação desses dados devem ser seguidos pela análise e formação de perfis. Diversos bancos de dados podem ser agregados a um perfil pelas possibilidades trazidas pelo *Big Data*. Os sistemas algorítmicos modelados como *aprendizado de máquina* devem acompanhar os clientes das plataformas em cada passo, reunindo informações precisas sobre os cliques dados, os links acessados, o tempo gasto em cada página aberta, os comentários apagados, entre outros.

O processo de modulação começa por identificar e conhecer precisamente o agente modulável. O segundo passo é a formação do seu perfil e o terceiro é construir dispositivos e processos de acompanhamento cotidiano constantes, se possível, pervasivos. O quarto passo é atuar sobre o agente para conduzir o seu comportamento ou opinião. Para ilustrar esse processo, vamos observar a patente da Samsung denominada *Apparatus and method for determining user's mental state*, em português, "Aparelho e método para determinar o estado mental do usuário". A solicitação de patente registrada no escritório coreano em 9 de novembro de 2012 e no escritório norte-americano, em 8 de novembro de 2013, com o número US9928462B2, permite obter informações fundamentais para o processo de modulação, seja na formação do perfil, seja no acompanhamento cotidiano do agente. Seu resumo é esclarecedor:

> Um aparelho para determinar o estado mental de um usuário em um terminal é fornecido. O aparelho inclui um coletor de dados configurado para coletar dados do sensor; um processador de dados configurado para extrair dados de recursos do sensor; e um determinador de estado mental configurado para fornecer os dados do recurso a um modelo de inferência para determinar o estado mental do usuário[10]

A patente é um instituto importante do capitalismo. Corporações registram patentes para aplicá-las e também para impedir que os concorrentes utilizem aqueles modelos, inventos e procedimentos, exceto se remunerarem o seu titular, aquele que a registrou e passa a ser seu dono. Todavia, nem todas as patentes são utilizadas, muitas servem para bloquear uma tecnologia ainda em pesquisa ou simplesmente para ser transformadas em munição em uma guerra contra

10. US9928462B2. (trad. nossa.)

outras empresas. Como os procedimentos e os sistemas algorítmicos das plataformas são obscuros, a análise do texto das patentes, mesmo genérico, pode nos ajudar a compreender a dinâmica ofuscada e invisível aos usuários.

A descrição da patente em questão nos permite compreender o potencial de modulação dos dispositivos mediadores de nossa comunicação. Está escrito que:

> [...] o estado mental pode incluir uma ou mais de uma emoção, um sentimento e um estresse, cada um dos quais pode ser classificado em vários níveis inferiores. Por exemplo, emoção pode ser classificada em felicidade, prazer, tristeza, medo, etc.; sentimento pode ser classificado em bom, normal, deprimente, etc.; e o estresse pode ser classificado em alto, médio e baixo.[11]

Mas como é possível identificar tais sensações e sentimentos? A patente nos dá uma indicação:

> [...] quando a velocidade de digitação usando um teclado é de 23 caracteres por minuto, a frequência de uso da tecla de retrocesso é três vezes ao escrever uma mensagem, a frequência de uso de um sinal especial é cinco vezes, o número de tremores de um dispositivo é 10, uma iluminância média é de 150 Lux, e um valor numérico de uma localização específica (por exemplo, estrada) é 3, um estado de emoção classificado aplicando os dados do recurso ao modelo de inferência é *susto*, com um nível de confiança de 74%.[12]

O conhecimento do estado emocional dos agentes é um dos elementos importantes para que o processo de modulação seja bem-sucedido. Existem 5.162 patentes consideradas similares à patente da Samsung, aqui descrita, registradas ou aguardando o registro final nos principais escritórios de

11. Trad. nossa.
12. US–9928462B2. (trad. nossa.)

patentes.[13] Destas patentes similares, 7,4% são da Samsung Electronics Coreana; 4,5% são da Samsung Electronics dos EUA; 3,9% são da Microsoft Technology Licensing, Llc; 3,3% do Google Inc.; 3,2% da Microsoft Corporation; 3,1% da Apple Inc.; 2,7% do Facebook, Inc.; 2,5% da IBM; 1,1 % da Amazon Technologies, Inc.; 1% do LinkedIn Corporation; 1% do Ebay Inc.; 1% do Yahoo! Inc.

As plataformas *online* possuem outras patentes esclarecedoras e que corroboram com a definição do processo de modulação aqui descrito. São milhares delas, aqui apresento mais cinco, cuja denominação é suficiente para termos uma noção de sua finalidade:

- ▷ US2010088607A1, YAHOO
  Sistema e método para manter o usuário sensível ao contexto
- ▷ US2012272338A1, APPLE
  Gerenciamento unificado de dados de rastreamento
- ▷ US2012226748A1, FACEBOOK
  Identifique especialistas e influenciadores em uma rede social
- ▷ US20180192263A1, FACEBOOK
  Prever o estado futuro de um usuário de dispositivo móvel
- ▷ US20080033826A1, PUDDING LTD
  Fornecimento de anúncios baseados em humor e personalidade

Com a utilização de algoritmos, principalmente de *machine learning*, as plataformas conseguem estruturar processos de modulação que são desenvolvidos para delimitar, influenciar, reconfigurar o comportamento dos interagentes na direção que os mantenha disponíveis e ativos na plataforma ou que os faça clicar e adquirir os serviços, produtos e ideias negociadas

13. Essa informação foi obtida do buscado do Google disponível para as buscas de patentes.

pelos donos do empreendimento. A modulação depende dos sistemas algoritmos e da estrutura de dados ampla, vasta e variada dos viventes, dentro e fora das plataformas e redes digitais. Como nos alertou Deleuze,[14] a modulação passou a ser contínua e o *marketing* se tornou a principal forma de controle social.

NEOLIBERALISMO E MODULAÇÃO

O neoliberalismo é a atual doutrina do capital. Pode ser visto como a nova racionalidade do capitalismo.[15] A doutrina neoliberal interfere e tem implicações no desenvolvimento da Internet e de suas invenções. Além disso, o pensamento neoliberal opera nas redes digitais e plataformas com a finalidade de anular e dissipar todas as ações coletivas que criem outras lógicas que não sejam voltadas à concorrência e a reprodução do capital. Os processos de espetacularização que já existiam no mundo industrial se intensificaram no cenário informacional e foram reforçados nas redes sociais embaladas pelo contexto neoliberal.

A modulação nas plataformas digitais tem servido, principalmente, à expansão do neoliberalismo. O *marketing* utiliza as corporações para moldar nossas subjetividades e formatar nossos afetos. Robôs tem lido nossos e-mails mais íntimos e apresentado respostas possíveis ao nosso remetente. Isso passa desapercebido para grande parte das pessoas e tem sido compreendido como "algo natural da tecnologia". O poder de tratamento das informações é legitimado por um entorpecimento subjetivo diante das vantagens oferecidas

14. *Conversações*. São Paulo: Editora 34, 1992.
15. P. Dardot & C. Laval, *A nova razão do mundo*. São Paulo: Boitempo Editorial, 2017.

pelas tecnologias apresentadas pelas corporações. São tecnologias que reforçam o que Guattari chamou de servidão maquínica. Ao organizar nossas práticas cotidianas em torno dessas corporações passamos de utilizadores à dependentes de suas tecnologias.

A lógica da concorrência foi apontada por Foucault (2008) como a lógica estruturante do pensamento neoliberal. As pessoas permanentemente conectadas têm seus dados sucessivamente coletados por sistemas algorítmicos que culminarão em processos de modulação extremamente úteis à aceleração da concorrência. Quem não conhecer profundamente seus possíveis consumidores será derrotado ou engolido no cenário neoliberal, por isso a crescente aposta nessa microeconomia da intrusão e da interceptação de dados pessoais.

As técnicas de modulação são imprescindíveis para as corporações praticarem o *marketing* certeiro, específico e personalizado. Quanto mais dependente dos dispositivos tecnológicos que coletam dados, mais as pessoas terão seus perfis comportamentais e opinativos organizados e analisados como parte de um processo que culminará no encurtamento do mundo, da condução da visão e na entrega de opções delimitadas. Os sistemas algorítmicos preditivos das plataformas querem conhecer cada vez mais as pessoas para melhor atendê-las e *fidelizá-las*. A munição dessa guerra concorrencial são os dados obtidos de cada pessoa para nutrir o processo de modulação, sem o qual não será possível se manter, nem vencer os concorrentes.

O neoliberalismo se fortalece na modulação, mas também gera resistências. Suas tentativas de redução da vida à concorrência de mercado e ao enaltecimento da empresa como unidade principal e basilar da sociedade é denunciado na esfera pública automatizada. Nesse sentido, nas redes digitais e nas plataformas as modulações do capital e de suas forças político-culturais convivem com tecnopolíticas antissistêmicas e com articulações pós-capitalistas que ainda não conseguiram superar o axioma do capital, mas resistem à sua supremacia.

BIBLIOGRAFIA

CASTELLS, Manuel. *Power communication.* Nova York: Ed. Oxford, 2009.

DEFLEUR, Melvin. *Teorias da comunicação de massa.* Rio de Janeiro: Zahar, 1993.

DELEUZE, Gilles. Post-scriptum sobre as sociedades de controle. *In:* ______. *Conversações.* Trad. Peter Pál Pelbart. São Paulo: Editora 34, 1992, p. 219–226.

DARDOT, Pierre & LAVAL, Christian. *A nova razão do mundo.* São Paulo: Boitempo Editorial, 2017.

FOUCAULT, Michel. *Nascimento da biopolítica: curso dado no Collège de France (1977–1978).* São Paulo: Martins Fontes, 2008.

MCCOMBS, Maxwell. *A teoria da agenda: a mídia e a opinião pública.* Petrópolis: Vozes, 2009.

PARISER, Eli. *The filter bubble: What the Internet is hiding from you.* Londres: Penguin UK, 2011.

SILVEIRA, Sergio Amadeu da. *Tudo sobre tod@s: redes digitais, privacidade e venda de dados pessoais.* São Paulo: Edições Sesc, 2017.

SIMONDON, Gilbert. On the mode of existence of technical objects. *Deleuze Studies*, Edimburgo, v. 5, n. 3, p. 407–424, 2011.

SRNICEK, Nick. *Platform capitalism.* Nova Jersey: John Wiley & Sons, 2017.

UGARTE, David de. *O poder das redes: manual ilustrado para pessoas, organizações e empresas, chamadas a praticar o ciberativismo.* Porto Alegre: EDIPUCRS, 2008.

ZUBOFF, Shoshana. Big other: surveillance capitalism and the prospects of an information civilization. *Journal of Information Technology*, v. 30, n. 1, p. 75–89, 2015.

PATENTES CITADAS

us9928462b2. *Apparatus and method for determining user's mental state.*

us20100088607a1. *System and method for maintaining context sensitive user.*

us2012272338a1. *Unified tracking data management.*

us2012226748a1. *Identify Experts and Influencers in a Social Network.*

us20180192263a1. *Predicting the future state of a mobile device user.*

us20080033826a1. *Personality-based and mood-base provisioning of advertisements.*

A modulação de comportamento nas plataformas de mídias sociais

DÉBORA MACHADO[1]

Nos últimos cinco anos, *dados são o novo petróleo* parece ter sido a frase mais repetida por CEOs de grandes empresas de tecnologia, palestrantes em eventos para *startups* e textos em revistas especializadas em tecnologia do mundo inteiro. Não por acaso. Atualmente, o mercado de dados pessoais representa grande parte da economia informacional. "Gerado pelas identidades e comportamentos, pelos indivíduos e suas ações em redes digitais, os dados pessoais são a moeda paga pelo uso gratuito de plataformas, sites e serviços *online*".[2] E assim como os ambientalistas seguem a anos nos alertando das consequências do uso exacerbado dos combustíveis fósseis, os pesquisadores que estudam as intersecções de tecnologia e sociedade voltam-se cada vez mais para as consequências sociais da exploração do *Big Data* pelas grandes empresas na corrida pela extração desses bens imateriais.

1. Mestranda em Ciências Humanas Sociais na UFABC e pesquisadora do Laboratório de Tecnologias Livres da UFABC.
2. S. A. da Silveira; R. Avelino; J. Souza, A privacidade e o mercado de dados pessoais. *Liinc em Revista*, v. 12, n. 2, nov. 2016, p. 220.

Diversos autores apontam a capacidade de orientar, modificar ou modular o comportamento do usuário que utiliza uma tecnologia como o objetivo final e o verdadeiro ouro negro no processo da coleta e análise de dados.[3] Se os dados são o novo petróleo, a modulação do comportamento humano seria o produto de luxo, feito sob medida, já na ponta final da cadeia de produção. E para entender como essa modulação se dá, é necessário antes compreender algumas rupturas que possibilitaram que esse processo fosse criado, automatizado e monetizado.

Uma das maiores mudanças que a Sociedade em Rede[4] proporcionou, e a popularização das plataformas de mídias sociais intensificou, foi a possibilidade de todo usuário ser também um produtor de conteúdo. Isso transformou a situação de escassez da mídia de massa em uma abundância de dados e conexões, possível somente em uma rede distribuída como a Internet. Após o ano 2000, tanto a capacidade dos computadores quanto a quantidade de dados armazenados na rede cresceram exponencialmente. Entre 1986 e 2016 estima-se um crescimento de 31% ao ano na capacidade tecnológica mundial para armazenar informação, passando de 2.6 exabytes para 4.6 zettabytes.[5] Assim como com o aumento da quantidade de livros escritos no século XVI veio a necessidade de criação de livros de referências, atlas, enciclopédias e bibliotecas organizadas de forma com que as informações relevantes pudessem ser acessadas mais facilmente, encontrar caminhos na rede sem o uso de *softwares* e algoritmos

3. F. Bruno, 2013; F. Pasquale, 2014; A. Rouvroy, 2015; S. A. da Silveira, 2017.
4. M. Castells, *A sociedade em rede*. São Paulo: Paz e Terra, 2007.
5. M Hilbert, *Quantifying the Data Deluge and the Data Drought*. Rochester: Social Science Research Network, 2015.

que filtrem as informações antes de apresentá-las ao usuário tornou-se uma tarefa difícil.

Algoritmos podem ser descritos como uma série de instruções delegadas a uma máquina para resolver problemas pré-definidos. São processos codificados para transformar dados de entrada em uma saída desejada, com base em cálculos especificados e estão presentes em praticamente todas as funções que executamos na rede. Nos mecanismos de busca, eles ajudam a navegar dentre o universo de informação presente na web. Nos sites de compras, eles sugerem produtos que podem ser relevantes para clientes que já efetuaram uma determinada compra. Dentro na nossa caixa de e-mail, eles ajudam a definir o que é importante e o que é spam. São os algoritmos que definem quais informações são relevantes e quais não precisam ser exibidas.[6]

No entanto, os algoritmos não possuem uma função meramente organizacional ou de facilitação do uso dessas plataformas pelos usuários. Eles vão além, possibilitam também a coleta e a análise massiva e automatizada de dados, o que os tornou tecnologias essenciais para o modelo de negócio das principais plataformas digitais utilizadas nos últimos anos.

Os algoritmos costumam ser entendidos como "preocupações estritamente racionais, que juntam as certezas da matemática com a objetividade da tecnologia".[7] Contudo, esses processos nunca são puramente abstratos e matemáticos. Apesar da tentativa dos programadores de manter um grau de objetividade, distanciando-se de qualquer tipo de influência – inclusive cultural ou refletindo contextos locais – o

6. T. Gillespie *et al. Media Technologies*. Cambridge: The MIT Press, 2014.
7. N. Seaver, Algorithms as culture: Some tactics for the ethnography of algorithmic systems. *Big Data & Society*, v. 4, n. 2, dez. 2017, p. 2. (trad. nossa.)

processo de tradução da tarefa ou conhecimento para um sistema algorítmico não se mantém imune a essas interferências.[8] Algoritmos são criados para propósitos que, na maioria das vezes estão longe de serem neutros: "para criar valor e capital, para impulsionar um comportamento e estruturar preferências de uma certa forma; e para identificar, selecionar e classificar pessoas".[9] Essa dualidade no entendimento sobre as funções desses sistemas é intencional e vantajosa para o mercado. Para que tanto os usuários que utilizam a plataforma para consumir informação e se conectar quanto aqueles que a utilizam para impulsionar conteúdo e disponibilizar anúncios tenham um certo grau de confiança na tecnologia utilizada, é necessário que essa seja entendida como uma ferramenta que realiza uma avaliação neutra para quem consome seus resultados, e vendidos como uma ferramenta de promoção seletiva a anunciantes em potencial.[10]

Visto que as mídias sociais já são a principal fonte de informação de grande parte da população conectada, nos últimos anos as pesquisas da área de tecnologia e sociedade estão cada vez mais interessadas nos algoritmos que controlam o fluxo de informação dentro dessas plataformas.[11] A mais utilizada pelos brasileiros, o Facebook, armazena mais de 300 *petabytes* de dados dos usuários,[12] essenciais para o trabalho de filtragem de informação que seus *softwares* exercem. A

8. *Idem.*
9. R. Kitchin, *Thinking Critically About and Researching Algorithms*. Rochester: Social Science Research Network, 2014, p. 18. (trad. nossa.)
10. T. Gillespie, The politics of 'platforms'. *New Media & Society*, v. 12, n. 3, p. 347–364, maio 2010.
11. E. Parisier, *O filtro invisível: O que a Internet está escondendo de você*. Rio de Janeiro: Zahar, 2012.
12. Joler & Petrovski. *Immaterial Labour and Data Harvesting*. SHARE LAB, ago. 2016.

personalização do conteúdo recebido por cada usuário é vital não apenas para permitir que eles recebam as postagens mais relevantes (de acordo com os critérios de relevância da empresa), mas também para atingir os objetivos do mercado publicitário, responsável por 92% da receita da empresa em 2014.[13] Para uma análise bastante detalhada do perfil de cada usuário, a empresa especializa-se em produzir novos *softwares* que possibilitam um monitoramento intenso do comportamento, dos interesses e da comunicação de quem a utiliza.

Para Nick Srnicek (2016), estamos vivendo uma nova fase do capitalismo, chamado de *capitalismo de plataforma*, em que os dados são a principal matéria-prima e as plataformas o seu modelo de negócio.

> No século XXI, com base nas mudanças nas tecnologias digitais, os dados se tornaram cada vez mais centrais para as empresas e suas relações com os trabalhadores, clientes e outros capitalistas. A plataforma surgiu como um novo modelo de negócios, capaz de extrair e controlar quantidades imensas de dados, e com essa mudança vimos o aumento de grandes empresas monopolistas. Hoje, o capitalismo das economias de renda alta e média é cada vez mais dominado por essas empresas[14]

O autor define plataformas como "infraestruturas digitais, que permitem que dois ou mais grupos interajam".[15] Elas posicionam-se como intermediárias que reúnem tipos diferentes de usuários, como "clientes, anunciantes, provedores de serviços, produtores, fornecedores e até objetos físicos"[16] e possuem a vantagem de operarem em qualquer lugar onde

13. S. A. da Silveira, *Tudo sobre tod@s: redes digitais, privacidade e venda de dados pessoais*. São Paulo: Edições Sesc, 2017.
14. N. Srnicek, *Platform Capitalism*. Cambridge: Polity, 2016, p. 12. (trad. nossa.)
15. *Ibid.*, p. 31. (Trad. nossa.)
16. *Idem*. (Trad. nossa.)

ocorra interação digital. Plataformas de publicidade, como o Google e o Facebook, marcam as primeiras tentativas de criar um modelo de negócio que se adequasse à era digital. Elas acompanharam a popularização da web e se apropriaram da narrativa da Internet como ferramenta para democratizar a comunicação e acabar com o monopólio dos jornais e outras mídias de massa sobre o que era expressado na sociedade.[17] Atualmente, apesar de negar o status de monopólio, empresas como o Facebook demonstram dificuldades em apontar concorrentes diretos.[18]

Shoshana Zuboff (2015) possui um entendimento parecido, mas insere nesse contexto a possibilidade de modificação de comportamento que as plataformas trazem. Ela define esse sistema econômico contemporâneo, que possui em sua centralidade técnicas como *data mining* e *profiling*, como *capitalismo de vigilância*: "uma nova forma de capitalismo informacional que visa prever e modificar o comportamento humano como forma de produzir receita e controle de mercado" (p. 75). O Google é visto como pioneiro nessa forma de extrair valor da coleta e análise massiva de dados com intuito preditivo e performativo, e seu modelo de negócio é a base do sistema econômico descrito por Zuboff. Ao pensar no funcionamento do buscador, apenas um dos serviços da empresa, onde centenas de dados dos usuários são analisados de forma que é possível criar um perfil de identificação única de cada usuário e prever o seu comportamento com base em comportamentos prévios e correlações, para assim entregar a ele uma fórmula de resultados de busca certei-

17. *Idem*.
18. S. Jeong, Zuckerberg struggles to name a single Facebook competitor. *The Verge*, abr. 2018.

ros – tanto para os anunciantes, quanto para os desejos e necessidades do usuário – a autora mostra que a propriedade dos meios de modificação do comportamento é hoje uma forma de poder equivalente, ou superior, à propriedade dos meios de produção.[19]

Ao tratarmos da coleta massiva de dados como parte central do modelo de negócio dessas plataformas, é importante lembrar que esse tipo de monitoramento, apesar de servir também para fortalecer parcerias com governos e vigiar ações ilegais ou mesmo acompanhar ativistas e movimentos sociais, não se preocupa com indivíduos identificáveis, mas sim com perfis. O perfil pode ser descrito como "um conjunto de traços que não concerne a um indivíduo específico, mas sim expressa relações entre indivíduos, sendo mais interpessoal do que intrapessoal".[20] Para Fernanda Bruno, os perfis são simulações de identidades e padrões estimativos que antecipam potencialidades – sejam elas de consumo, econômicas, comportamentais, entre outras. Assim o principal objetivo para a sua criação é "usar um conjunto de informações pessoais para agir sobre similares"[21] e orientar um comportamento futuro. Ela explica que "a inadequação ao perfil não representa um desvio, mas uma contingência, uma particularidade a ser não corrigida, mas incorporada aos próprios cálculos futuros de definição de perfil".[22]

Antoinette Rouvroy e Thomas Berns (2015) descrevem essas práticas, de *profiling* e *data mining*, como um tipo de gover-

19. S. Zuboff, Big other: surveillance capitalism and the prospects of an information civilization. *Journal of Information Technology*, Londres, p. 75–89, 2015.
20. F. Bruno, *Máquinas de ver, modos de ser: vigilância, tecnologia e subjetividade*. Porto Alegre: Editora Sulina, 2013, p. 161.
21. *Idem*.
22. *Idem*.

namentalidade algorítmica, que trabalha com correlações e não com a norma, em que todo comportamento é abstraído do contexto no qual apareceu e reduzido a dado. Nesse caso, é a própria correlação que dá sentido a esses dados. Assim, o saber produzido no nível da elaboração de perfil é pouco disponível ou perceptível pelos indivíduos sujeitos a essa ação. Essa ofuscação é intencional e serve para tornar a plataforma um local onde as restrições que por lá existam não sejam de fato sentidas e o ambiente continue propício para a ação. Não há dúvidas de que cada plataforma possui suas próprias visões de comportamentos desejáveis e indesejáveis dos usuários que a utilizam, porém, ao invés de conter certos movimentos, preferem tornar a "desobediência (ou certas formas de marginalidade) sempre mais improváveis (na medida em que estas teriam sempre já sido antecipadas)" (p. 41). A modulação é mais vantajosa do que a restrição e a governamentalidade algorítmica, "assim como a segurança para Foucault, trataria-se de assegurar as circulações" (p. 43).

Para Van Djick (2013), essas plataformas possibilitam um típico específico de capital social, o da conectividade. Plataformas promovem e invisibilizam, algoritmicamente, algumas informações em comparação a outras. Elas fazem o mesmo com as conexões interpessoais dentro de suas redes: algoritmos definem quais laços devem ser fortalecidos, e quais serão enfraquecidos. Com isso, o nível de conectividade de cada usuário é um dos fatores que define sua visibilidade nesses ambientes.[23] Plataformas como o Facebook, que possuem como principal fonte de renda a mediação da en-

23. W. F. Araújo, *As narrativas sobre os algoritmos do Facebook: uma análise dos 10 anos do feed de notícias*. Tese (Doutorado em Comunicação e Informação) – Faculdade de Biblioteconomia e Comunicação, UFRGS, Porto Alegre, 2017.

trega de publicidade, seguem investindo em definir formas para quantificar o coeficiente de influência de cada usuário, como mostra a patente US20170277691A1. Com o título *Quantifying Social Influence*,[24] o requerimento de patente refere-se a uma tecnologia que permite analisar os dados de interação de usuários em uma rede social *online* para ranquear seu nível de influencia com base no conteúdo compartilhado pelo mesmo e na interação de sua *audiência* com esse conteúdo, para assim poder "performar um tipo de ação com base no coeficiente de influência social do usuário".[25]

Com base na ideia foucaultiana de que o poder está diretamente ligado à produção de verdade e ao saber,[26] é possível afirmar que as grandes plataformas de mídias sociais, como o Facebook, possuem um saber e um poder enorme sobre os usuários que interagem por meio delas. Esse poder só é possível a partir da coleta massiva de dados possibilitada pelas tecnologias cibernéticas utilizadas pela empresa, e o valioso saber que resulta dessas práticas é protegido em seus bancos de dados[27] e em patentes registradas.[28]

Alain Desrosières (2002), ao analisar a história do pensamento estatístico, que data dos séculos XVII e XVIII, também se dedicou a estudar como uma forma de saber pode se transformar em poder. Ao descrever o início da busca por cálculos probabilísticos, o autor mostra que a questão que essa nova ciência pretendia solucionar veio de uma tentativa antiga de encontrar algo que possibilitasse especular sobre o que até então estava apenas na mão de Deus, era sagrado: o acaso.

24. N. Agarwal, *Patent Application Publication*, set. 2017.
25. *Idem*. (Trad. nossa.).
26. M. Foucault, *A verdade e as formas jurídicas*. Rio de Janeiro: NAU, 2013.
27. D. Mortenson, 2017 Year in review: Data centers. *Facebook Code*, dez. 2017.
28. Joler & Petrovski, *Immaterial Labour and Data Harvesting*, *op. cit.*

"Quer permitindo que ele decida casos difíceis, ou integrando a avaliação de um futuro incerto no presente".[29] Assim, o autor compara o papel do estatístico com o de um juiz.

O ato de classificar, valorizar e avaliar fenômenos naturais a nossa volta não é algo novo. No entanto, uma característica que marca a nossa época é o fato de realizarmos essas tarefas utilizando "ferramentas tecnológicas e virtuais compostas de algoritmos capazes de sintetizar, processar e divulgar dados em uma velocidade e quantidade jamais testemunhadas em nossa história".[30] Para Bruno, uma nova racionalidade estatística estaria em curso.

> Em ruptura com as ambições modernas da racionalidade dedutiva vinculando os fenômenos observáveis (isto é, os fenômenos previamente selecionados como objetos de observação e de análise em função de critérios de interesse explícitos ou implícitos) a suas causas, a racionalidade estatística segue uma lógica indutiva bem particular desde que ela tira a sua força do tratamento automatizado de informações cuja única qualidade é o aspecto massivo: indiferente às causas dos fenômenos, esta racionalidade ancora-se na observação puramente estatística de correlações (independentes de toda lógica) entre dados coletados de uma maneira absolutamente não seletiva numa variedade de contextos heterogêneos.[31]

Rouvroy e Berns pontuam que, diferentemente da estatística moderna, esse novo modelo, com base em novas oportunidades de agregação e análise massiva de dados parece emancipar-se de toda relação à "média" ou ao "normal", como

29. A. Desrosières, *The Politics of Large Numbers: A History of Statistical Reasoning*. Cambridge: Harvard University Press, 2002, p. 46. (trad. nossa.)
30. Sartore & Leite, Desconstruindo os dispositivos dos mercados: aportes da Sociologia Econômica. *Revista TOMO*, n. 30, jun. 2017, p. 13.
31. A. Rouvroy & T. Berns, Governamentalidade algorítmica e perspectivas de emancipação: o díspar como condição de individuação pela relação?. *Revista ECO-Pós*, v. 18, n. 2, out. 2015, p. 159.

se "apreendessem a realidade social como tal, de maneira direta e imanente".[32] Dado que a produção de saber se dá a partir de informações não classificadas, heterogêneas, dispensa-se também a necessidade de verificar uma hipótese, solicitando assim o mínimo de intervenção humana.

Visto que uma das características da sociedade informacional é que ela se constitui com tecnologias que comunicam e controlam ao mesmo tempo,[33] o controle é um tema importante ao discutirmos os processos algorítmicos utilizados nas plataformas de mídias sociais. Para Deleuze, passamos da era das Sociedades Disciplinares, conforme apresentadas por Foucault,[34] e estamos vivendo em uma Sociedade de Controle.[35] Ele mostra que esse novo poder de controle não está tão preocupado com dispositivos que confinem corpos e restrinjam seus deslocamentos, como ilustrado pelo panóptico de Jeremy Bentham.[36] A restrição agora passa para o campo da informação, possibilitando ou rejeitando seu acesso a ela.

> As sociedades disciplinares têm dois polos: a assinatura que indica o indivíduo, e o número de matrícula que indica sua posição na massa [...]. Nas sociedades de controle, ao contrário, o essencial não é mais uma assinatura e nem um número, mas uma cifra: a cifra é uma senha, ao passo que as sociedades disciplinares são reguladas por palavras de ordem (tanto do ponto de vista da integração quanto da resistência). A linguagem numérica do controle é feita de cifras, que marcam o acesso à informação, ou a rejeição. Não se está mais diante do par massa-indivíduo. Os indivíduos tornaram-se *dividuais*,

32. *Ibid.*, p. 37.
33. S. A. da Silveira, *Tudo sobre tod@s*, *op. cit.*
34. *Vigiar e punir: nascimento da prisão*. Petrópolis: Vozes, 2011.
35. G. Deleuze, *Conversações*. São Paulo: Editora 34, 1992.
36. M. Foucault, *Vigiar e punir*, *op. cit.*

divisíveis, e as massas tornaram-se amostras, dados, mercados ou *bancos*.[37]

Para Lazzarato, as sociedades de controle "se investem da memória mental, mais do que da memória corporal".[38] Para ele, a característica central desse tipo de sociedade é a multiplicação da oferta de mundos. Porém, de mundos normalizados, que não se tratam de mundos possíveis ou do acontecimento, e onde a nossa liberdade se trata apenas de escolher dentre os possíveis que outros conceberam. "Ficamos sem o direito de participar da construção dos mundos, de formular problemas e de inventar soluções, a não ser no interior de alternativas já estabelecidas".[39] É por isso que temos a sensação "de que, uma vez que tudo é possível, desde que no âmbito das alternativas preestabelecidas, nada é mais possível (a criação de algo novo)".[40]

É esse tipo de controle que consegue ao mesmo tempo restringir e passar a sensação de liberdade que Deleuze (1992) chama de modulação.

> Os confinamentos são moldes, distintas moldagens, mas os controles são uma modulação, como uma moldagem auto-deformante que mudasse continuamente, a cada instante, ou como uma peneira cujas malhas mudassem de um ponto a outro.[41]

Lazzarato, influenciado pelas obras de Deleuze, entende a modulação como "diagrama da flexibilidade da produção e da subjetividade".[42] Ele a vê como um exercício de poder

37. G. Deleuze, *Conversações*, *op. cit.*, p. 226.
38. M. Lazzarato, *As revoluções do capitalismo*. São Paulo: Editora Record, 2006, p. 84.
39. *Ibid.*, p. 101.
40. *Ibid.*, p. 102.
41. G. Deleuze, *Conversações*, *op. cit.*, p. 221.
42. *Ibid.*, p. 73.

que também se ocupa dos corpos, mas é principalmente a dimensão incorporal que está em jogo. As marcas deixadas pelo controle distanciam-se cada vez mais dos corpos para fixarem-se na mente. Nesse contexto, o medo da punição é substituído por dispositivos de modulação de condutas em que as tecnologias que controlam caminham junto à sensação de conforto, resolvem problemas, melhoram a experiência do usuário, "não geram medo, mas afeto".[43] Desta forma, a modulação já se tornou fundamental para o *marketing*.

> Depois da captura e armazenamento de dados para processamento e mineração, as empresas formam amostras de perfis similares que servem aos dispositivos de modulação. O que eles fazem? A partir dos gostos, do temperamento, das necessidades, das possibilidades financeiras, do nível educacional, entre outras sínteses, as empresas oferecem caminhos, soluções, definições, produtos e serviços para suas amostras, ou seja, para um conjunto potencial de consumidores que tiveram seus dados tratados e analisados. O sucesso da modulação depende da análise precisa das pessoas que serão moduladas.[44]

Uma das características da modulação é a possibilidade de criar um espaço para o individual, dar a sensação de liberdade para o indivíduo enquanto o mantém em um ambiente restrito.[45] Foucault,[46] ao estudar o poder disciplinar, enxerga a liberdade como condição de relações de poder. As dinâmicas de uso propostas pelas plataformas de mídias sociais como o Facebook parecem potencializar o paradoxo da liberdade controlada. Elas oferecem ambientes onde o usuário é

43. S. Amadeu. da Silveira, *Tudo sobre tod@s, op. cit.*, p. 83.
44. *Ibid.*, p. 84.
45. Y. Hui, Modulation after Control. *New formations: a journal of culture/theory/politics*, v. 84, n. 84, p. 74–91, nov. 2015.
46. *Historia da sexualidade, v. 2: o uso dos prazeres*. São Paulo: Paz e Terra, 1998.

incentivado a compartilhar, mas só recebe a informação que uma série de algoritmos decidiu ser mais relevante para ele. É incentivado a se expressar, mas seguindo regras de conduta, ou escolhendo dentre seis emoções que representem o que está sentindo.

Yuk Hui caracteriza esse novo tipo de controle, que Deleuze chamou de modulação, pela possibilidade de "criação de um espaço para o indivíduo, como se ele ou ela tivesse a liberdade de se entrelaçar e criar, enquanto sua produção, bem como seus fins, seguem a lógica das forças intangíveis".[47]

> Devido à falta de regras rígidas (o que equivaleria à moldagem), o sujeito concebido em termos de modulação e processos modulatórios parece ter a liberdade de agir, mesmo que essa liberdade já seja antecipada por sistemas reguladores, e os próprios atos são modulados de tal maneira que assumem um caráter autorregulador[48]

Para Hui, a moldagem, característica do poder disciplinar, e a modulação não possuem qualquer similaridade e são diferentes "em termos de significado metafísico e das implicações políticas".[49] Já David Savat enxerga a modulação como uma amplificação do poder disciplinar. Nessa perspectiva, os mecanismos e instrumentos que Foucault identificou como essenciais para seu funcionamento não deixaram de existir:

> Na verdade, os modos de observação pelos quais a disciplina funciona como uma forma de poder agora operam mais vigorosamente do que nunca, seja através do uso de mídias sociais como Facebook, localização GPS via telefone celular, identificação por radiofrequên-

47. Y. Hui, Modulation after Control, *op. cit.*, p. 95. (trad. nossa.)
48. *Ibid.*, p. 83. (trad. nossa.)
49. *Ibid.*, p. 84. (trad. nossa.)

cia (RFID) ou coleta de dados do consumidor em nossas atividades do dia a dia.[50]

Para o autor, essa amplificação surge, em grande parte, a partir da extensão do dispositivo da escrita, em decorrência do uso de grandes bancos de dados que armazenam nossos rastros digitais. Ao expandir esse dispositivo "estamos também potencialmente expandindo e, igualmente significativamente, intensificando a função coercitiva da observação, bem como a rede de relações que *produz poder*".[51] Dessa forma, a disciplina e a modulação podem ocorrer ao mesmo tempo e utilizar mecanismos similares, em certas ocasiões. Como exemplo da convergência dessas duas formas de poder, o autor cita o compartilhamento de informações das redes sociais *online* com algumas empresas.

> Embora essas empresas possam não necessariamente coletar as informações como parte de um mecanismo disciplinar, isso não significa que o olhar disciplinar não se estenda a esses sites. Como uma série de incidentes relatados na imprensa popular têm demonstrado, por vezes, esta informação alimenta a máquina disciplinar – quando um empregador ou empregador, descobre informações sobre um empregado, suas atividades ou suas relações com os outros, que depois submete o indivíduo a disciplina, tipicamente por meio de um mecanismo de punição em vez de um mecanismo de recompensa.[52]

Apesar do poder modulador não eliminar o poder disciplinar, ambos produzem efeitos bem diferentes. Se por um lado o objeto que a disciplina produz é o indivíduo, o produto da

50. D. Savat, *Deleuze and new technology*. Edimburgo: Edinburgh University Press, 2009, p. 222. (trad. nossa.)
51. *Ibid.*, p. 303. (trad. nossa.)
52. *Ibid.*, p. 305.

modulação não possui forma e está sempre mudando, é mais um processo do que um objeto.[53] Além disso, a modulação trabalha com uma forma diferente de intervenção. Assim como Rouvroy e Berns (2015), Savat (2013) também aponta que na disciplina há a necessidade de ter um indivíduo como alvo, para poder corrigir seu comportamento. Já na modulação o objetivo é antecipar o comportamento.

> Com o surgimento de bancos de dados, no entanto, o foco é cada vez mais na observação de um número de diferentes fatores abstratos a fim de antecipar o surgimento de comportamentos desviantes (seja bom ou ruim) de modo que isso possa ser prevenido antes mesmo que isso surja ou, se bom (como a compra de um produto) seja incentivado.[54]

A intenção de encontrar formas de modular o comportamento humano sem a necessidade de restringir suas ações, mas concentrando-se nas construções de mundos e na mente, como descrito por Lazzarato (2006), pode ser vista em alguns experimentos aplicados pelo Facebook ao longo dos anos. Durante um estudo realizado por pesquisadores da empresa em parceria com pesquisadores da Universidade de Cornell, em janeiro de 2012, as postagens recebidas por 689 mil usuários em seus *feeds* de notícia foram modificadas. O objetivo era descobrir se as emoções dos amigos destes usuários, expressadas em seus posts na rede social, influenciava o humor daqueles que as liam, causando uma espécie de "contágio emocional", mesmo à distância.[55] Dois grupos foram separados. Enquanto um tinha postagens com palavras positivas

53. *Idem*.
54. *Ibid*., p. 391. (trad. nossa.)
55. A. Kramer *et al*. Experimental evidence of massive-scale emotional contagion through social networks. PNAS, vol. 111, 2014.

como *amo* e *legal* filtradas e retiradas de seus *feeds* de notícias, o outro grupo deixava de receber postagens com palavras negativas como *ferido* e *nojento*. O estudo mostrou que pessoas que recebiam menos postagens positivas também acabavam postando menos mensagens positivas em suas próprias redes, confirmando a hipótese de que os usuários ficam menos felizes após serem impactados por esse conjunto de mensagens com poucas palavras positivas.

Nenhum dos 689 mil usuários foi informado que estava participando de um estudo. A justificativa legal do Facebook é a de que ao assinar os termos de uso da plataforma, todos os usuários aceitam participar de pesquisas e ter seus dados analisados. Contudo, muitos pesquisadores apontaram que esse não é o consentimento informado exigido pela The Federal Policy for the Protection of Human Subjects, recurso ético e legal exigido ao realizar pesquisar com sujeitos humanos.[56]

É importante lembrar que a exploração dos limites cognitivos de consumidores pelas empresas de *marketing* não é uma decorrência da web. No entanto, não podemos negar que o uso de tecnologias cibernéticas e algoritmos atrelados a grandes bases de dados, utilizados na mediação de certas transações tornou possível a individualização e sistematização dessas práticas.[57] O estudo de plataformas e sistemas algorítmicos, em que decisões humanas e ações maquínicas emaranham-se em direção a objetivos específicos, seguindo modelos de negócio pouco esclarecidos, mostra-se uma tarefa complexa e desafiadora, principalmente para aqueles que buscam esse conhecimento do lado de fora das empre-

56. R. Booth, Facebook reveals news feed experiment to control emotions. *The Guardian*, jun. 2014.
57. R. Calo, Digital Market Manipulation. *82 George Washington Law Review 995*, n. 2013–27, p. 995–1052, ago. 2013.

sas que detêm essas tecnologias. Portanto, para contribuir com o tópico e atravessar as caixas pretas, é necessária uma abordagem interdisciplinar, que observe a rede de actantes que gerencia esses sistemas, seus objetivos, as dinâmicas e consequências de suas escolhas e a lógica que proporciona tais inovações tecnológicas.

BIBLIOGRAFIA

ABBAS, Assad; ZHANG, Limin; KHAN, Samee U. A literature review on the state-of-the-art in patent analysis. *World Patent Information*, v. 37, p. 3–13, jun. 2014.

AGARWAL, Nipun. Quantifying Social Influence. *Patent Application Publication*, set. 2017. Disponível em *hedra.com.br/r/Gkj*.

ARAÚJO, Willian Fernandes. *As narrativas sobre os algoritmos do Facebook: uma análise dos 10 anos do feed de notícias*. Tese (Doutorado em Comunicação e Informação) – Faculdade de Biblioteconomia e Comunicação, Universidade Federal do Rio Grande do Sul, Porto Alegre, 2017.

BOOTH, Robert. Facebook reveals news feed experiment to control emotions. *The Guardian*, jun. 2014. Disponível em *hedra.com.br/r/mzU*.

BRUNO, Fernanda. Rastros digitais sob a perspectiva da teoria ator-rede. *Revista FAMECOS*, v. 19, n. 3, p. 681–704, 2012.

______. *Máquinas de ver, modos de ser: vigilância, tecnologia e subjetividade*. Porto Alegre: Editora Sulina, 2013.

CALISKAN, Aylin *et al.* Semantics derived automatically from language corpora contain human-like biases. *Science*, v. 356, p. 183–186, abr. 2017.

CALO, Ryan. Digital Market Manipulation. *82 George Washington Law Review 995*, n. 2013–27, p. 995–1052, ago. 2013. Disponível em *hedra.com.br/r/dTp*.

CASTELLS, Manuel. *A sociedade em rede*. São Paulo: Paz e Terra, 2007.

DAIM, Tugrul U. *et al.* Forecasting emerging technologies: Use of bibliometrics and patent analysis. *Technological Forecasting and Social Change*, v. 73, n. 8, p. 981–1012, out. 2006.

DELEUZE, Gilles. *Conversações*. São Paulo: Editora 34, 1992.

DESROSIÈRES, Alain. *The Politics of Large Numbers: A History of Statistical Reasoning*. Cambridge: Harvard University Press, 2002.

DONOHUE, Aran. Augmenting text messages with emotion information. *Patent Application Publication*, maio 2017. Disponível em *hedra.com.br/r/Bbf*.

DOURISH, Paul. Algorithms and their others: Algorithmic culture in context. *Big Data & Society*, v. 3, n. 2, p. 1–11, dez. 2016.

FOUCAULT, Michel. *Historia da sexualidade, v. 2: o uso dos prazeres*. São Paulo: Paz e Terra, 1998.

______. *Vigiar e punir: nascimento da prisão*. Petrópolis: Vozes, 2011.

______. *A verdade e as formas jurídicas*. 4ª ed. Rio de Janeiro: NAU, 2013.

GILLESPIE, Tarleton. The politics of 'platforms'. *New Media & Society*, v. 12, n. 3, p. 347–364, maio 2010.

______. The Relevance of Algorithms. *In*: GILLESPIE, T.; BOCZKOWSKI, P. J.; FOOT, K. A. (Org.). *Media Technologies*. Cambridge: The MIT Press, 2014, p. 167–194.

HILBERT, Martin. *Quantifying the Data Deluge and the Data Drought*. Rochester: Social Science Research Network, 2015. Disponível em *hedra.com.br/r/iqx*.

HUI, Yuk. Modulation after Control. *New formations: a journal of culture/theory/politics*, v. 84, n. 84, p. 74–91, nov. 2015.

IFI CLAIMS. *Top 50 US Patent Assignees*. IFI CLAIMS® Patent Services, 2018. Disponível em *hedra.com.br/r/pwP*.

INTRONA, Lucas D. Algorithms, Governance, and Governmentality: On Governing Academic Writing. *Science, Technology, & Human Values*, v. 41, n. 1, p. 17–49, jan. 2016.

JEONG, Sarah. Zuckerberg struggles to name a single Facebook competitor. *The Verge*, abr. 2018. Disponível em *hedra.com.br/r/pwP*.

JOLER, V.; PETROVSKI, A. *Immaterial Labour and Data Harvesting*. SHARE LAB, ago. 2016. Disponível em *hedra.com.br/r/apL*.

KITCHIN, Rob. *Thinking Critically About and Researching Algorithms*. Rochester: Social Science Research Network, 2014. Disponível em *hedra.com.br/r/NVR*.

______. Thinking critically about and researching algorithms. *Information, Communication & Society*, v. 20, n. 1, p. 14–29, jan. 2017.

KRAMER, Adam; GUILLORY, Jamie; HANCOCK, Jeffrey. Experimental evidence of massive-scale emotional contagion through social networks. PNAS, vol. 111, 2014. Disponível em *hedra.com.br/r/tFJ*.

LATOUR, Bruno. *Science in Action: How to Follow Scientists and Engineers Through Society*. Cambridge: Harvard University Press, 1987.

LAZZARATO, Maurizio. *As revoluções do capitalismo*. São Paulo: Editora Record, 2006.

LEVY, Pierre. *Cibercultura*. São Paulo: Editora 34, 2010.

MACHLUP, Fritz. *The production and distribution of knowledge in the United States*. Princeton: Princeton University Press, 1972.

MAHDAWI, Arwa. Uber developing technology that would tell if you're drunk. *The Guardian*, jun. 2018. Disponível em *hedra.com.br/r/MQg*.

MARINHO, Maria Helena. O consumidor brasileiro agora é hiper. *Think with Google*, 2014. Disponível em *hedra.com.br/r/Gsc*.

MORTENSON, David. 2017 Year in review: Data centers. *Facebook Code*, dez. 2017. Disponível em *hedra.com.br/r/k6X*.

PARISER, Eli. *O filtro invisível: O que a Internet está escondendo de você*. Rio de Janeiro: Zahar, 2012.

PASQUALE, Frank. *The black box society: the secret algorithms that control money and information*. Cambridge: Harvard University Press, 2015.

RIEDER, Bernhard. Scrutinizing an algorithmic technique: the Bayes classifier as interested reading of reality. *Information, Communication & Society*, v. 20, n. 1, p. 100–117, jan. 2017.

ROUVROY, Antoinette; BERNS, Thomas. Governamentalidade algorítmica e perspectivas de emancipação: o díspar como condição de individuação pela relação?. *Revista ECO-Pós*, v. 18, n. 2, p. 36–56, out. 2015. Disponível em *hedra.com.br/r/RoR*.

SARTORE, Marina de Souza; LEITE, Elaine da Silva. Desconstruindo os dispositivos dos mercados: aportes da Sociologia Econômica. *Revista TOMO*, n. 30, p.7–26, jun. 2017. Disponível em *hedra.com.br/r/AhB*.

SAVAT, David. *Deleuze and new technology*. Edimburgo: Edinburgh University Press, 2009.

SEAVER, Nick. Algorithms as culture: Some tactics for the ethnography of algorithmic systems. *Big Data & Society*, v. 4, n. 2, dez. 2017.

SILVEIRA, Sergio Amadeu da; AVELINO, Rodolfo; SOUZA, Joyce. A privacidade e o mercado de dados pessoais. *Liinc em Revista*, v. 12, n. 2, nov. 2016. Disponível em *hedra.com.br/r/29i*.

______. *Tudo sobre tod@s: redes digitais, privacidade e venda de dados pessoais*. São Paulo: Edições Sesc, 2017.

SOUZA, Joyce; MACHADO, Débora; AVELINO, Rodolfo. Big Data, vigilância e o mercado de dados pessoais na saúde. *5º Simposio Internacional* LAVITS, Santiago, p. 254–270, 2018.

SRNICEK, Nick. *Platform Capitalism*. 1 ed. Cambridge: Polity, 2016.

ZUBOFF, Shoshana. Big other: surveillance capitalism and the prospects of an information civilization. *Journal of Information Technology*, Londres, p. 75–89, 2015. Disponível em *hedra.com.br/r/nIP*.

Aprendizado de máquina e modulação do comportamento humano

CARLA OLIVEIRA[1]

As Tecnologias da Informação e Comunicação (TICS) permitiram a criação de dispositivos tecnológicos capazes de minerar, analisar e agrupar dados comportamentais e estruturá-los em uma base de dados para o desenvolvimento de tudo que diz respeito à subjetividade e à emoção. Segundo Cavalheiro e Brandão, "os fluxos de desejo são captados" por essas ferramentas e direcionados de modo distribuído pelos meios de comunicação, fazendo prevalecer "os interesses de poucos, mas dando a impressão de que é o desejo de muitos".[2]

Técnicas de persuasão utilizadas ao longo da história ganham outras formas com esse novo cenário tecnológico. Algoritmos de *aprendizado de máquina* são utilizados para impulsionar ideias, notícias e campanhas publicitárias. Essas técnicas, que são utilizadas pela publicidade e pelo *marketing*, também passaram a ser consideradas para "influenciar a opinião pública".[3]

1. Bacharel em Ciência da Computação pela FASP, MBA em Gestão de Projetos e Processos pelo Centro Estadual de Educação Tecnológica Paula Souza. Atualmente, cursa mestrado em Ciências Humanas e Sociais na UFABC.
2. Cavalheiro & Brandão, Comunicação e retórica: Um contexto teórico para pensar a pós-verdade. *In*: GUARESCHI, Pedrinho A; AMON, Denise; GUERRA, André. *Psicologia, comunicação e pós-verdade*. Porto Alegre: Abrapso, 2017, p. 98.
3. *Ibid*., p. 89.

Inteligência artificial (IA) e *aprendizado de máquina* são as *buzzwords* do momento, ou seja, "palavras barulhentas", e esse barulho está ocorrendo não só na academia, mas principalmente no mercado. De acordo Sugomori (2016) empresas de tecnologia, como Google e Facebook, estão cada vez mais adquirindo *startups* de IA. Em 2014, foi anunciado que o Google comprou a *Deep Mind.*[4] Já em 2018, foi a vez do Facebook investir US$ 30 milhões na aquisição da *Bloomsbury*, especializada em processamento de linguagem natural.[5]

Para o pesquisador Pedro Domingos, a "Revolução Industrial automatizou o trabalho manual e a Revolução da Informação fez o mesmo com o trabalho mental". Assim como a Internet e o computador pessoal, o *aprendizado de máquina* irá gerar grandes "mudanças econômicas e sociais".[6] Mas, o que é *aprendizado de máquina*?

De acordo com Domingos, *Machine Learning* é um subconjunto da inteligência artificial. O *aprendizado de máquina* "é uma tecnologia que constrói a si própria". Ao contrário dos algoritmos tradicionais, os algoritmos de Aprendizado "são artefatos que projetam outros artefatos".[7] "Os aprendizes transformam dados em algoritmos" e neste caso quanto mais dados (*Big Data*) melhor.[8] Com o Aprendizado de Máquina pode-se dizer que os computadores são capazes de criar seus próprios algoritmos.[9]

4. G. Haas, Google compra DeepMind, startup de programação em inteligência artificial. *Tecmundo*, jan. 2014.
5. G. Borini, Facebook investe US$ 30 milhões para aquisição de startup de inteligência artificial. *Computer World*, maio 2018.
6. P. Domingos, *O algoritmo mestre*. São Paulo: Novatec. 2017, p. 33.
7. *Ibid.*, p. 16.
8. *Ibid.*, p. 17.
9. *Idem.*

Para Domingos, a essência do *aprendizado de máquina* é a previsão de desejos, comportamentos e de como o mundo poderá ser alterado. Para ele, está "recriando a ciência, a tecnologia, os negócios, a política e a guerra".[10] O pesquisador alerta para o fato de que não podemos controlar aquilo que não compreendemos. Por isso é importante entender o que é *aprendizado de máquina* e como esse tipo de tecnologia está sendo utilizado.

Este texto visa definir o que é *aprendizado de máquina* e como esta tecnologia pode ser utilizada como dispositivo de modulação. Para tanto, apresenta a evolução da IA até seu surgimento. Em seguida, mostra a definição de sociedade de controle e modulação. Para estabelecer uma relação entre modulação e *aprendizado de máquina* considera algumas pesquisas utilizando psicometria, rastros digitais dos usuários e *aprendizado de máquina*, serviços do Facebook e seus algoritmos de *Machine Learning*, além de sua utilização para fins políticos nas eleições de Barack Obama e Donald Trump.

INTELIGÊNCIA ARTIFICIAL E SUA EVOLUÇÃO

O embrião da inteligência artificial surgiu em 1943, com o artigo *A logical calculus of the ideas immanent in nervous activity*, escrito pelo psiquiatra Warren S. McCulloch e pelo cientista cognitivo, Walter Pitts. Este artigo visou estabelecer uma analogia entre as células nervosas e o processo eletrônico e pode ser considerado como o percursor do modelo de Redes Neurais Artificiais.

10. *Ibid.*, p. 16.

Em 1950, Alan Turing, um dos pais da ciência da computação e da inteligência artificial, publicou o artigo *Computing Machinery and Intelligence*, na revista inglesa, *Mind*. Neste artigo, foi proposto o seguinte questionamento: "As máquinas podem pensar?" Devido à complexidade dos termos *máquina* e *pensar*, Turing procurou a resposta para esta dúvida por meio de um jogo, o qual batizou de *jogo da imitação*. Mais tarde esse jogo ficou conhecido como Teste de Turing.

O termo *inteligência artificial* (IA) foi apresentado pela primeira vez pelo cientista da computação, John McCarthy, na Segunda Conferência de Dartmouth, em 1956.[11] Pesquisas relacionadas a IA vêm sendo desenvolvidas há décadas.

O primeiro *boom* da IA surgiu no final dos anos 50 com programas de busca baseados em regras fixas. Embora os métodos de busca tivessem grande sucesso em campos específicos como o xadrez e o *shogi* (versão japonesa do jogo de xadrez) estava longe de atingir a IA.[12]

O segundo *boom* da IA ocorreu nos anos 80 com o movimento denominado Representação do Conhecimento.[13] Vários métodos de Representação do Conhecimento foram desenvolvidos para projetar conhecimento em uma máquina. Um exemplo deles é o Cyc.[14] Este sistema foi criado em 1984, por Douglas Lenat, pesquisador na área de inteligência artificial.[15] Trata-se de um enorme banco de dados suportado por

11. G. T. Júnior & S. M. B. Lima, Algoritmos genéticos aplicados a jogos eletrônicos. *Revista Eletrônica da Faculdade Metodista Granbery*, Minas Gerais, n. 8, jan.-jun. 2010.
12. Y. Sugomori, *Java Deep Learning Essentials*. Packt Publishing: Birmingham, 2016.
13. *Idem*.
14. Mais informações em *cyc.com*.
15. P. Domingos, *O algoritmo mestre*, *op. cit.*

tecnologias semânticas que combina uma base de conhecimento comum com mecanismo de inferência.

No decorrer do tempo, um novo método denominado *Machine Learning* surgiu e com ele a possibilidade de atingir a IA se tornou mais factível. O *Machine Learning* está intimamente relacionado à mineração de dados e *Big Data*. De acordo com Sugomori,[16] este novo método é uma ferramenta potente em comparação às abordagens anteriores que simplesmente tinham como base o conhecimento fornecido previamente por um ser humano.

Antes do *Machine Learning*, uma máquina só fornecia resposta com base nos dados e regras fixas que já haviam sido inseridos. Neste cenário a máquina fornecia rapidamente respostas para uma pergunta previamente conhecida, mas literalmente travava quando surgiam questões desconhecidas.

No *Machine Learning*, a máquina pode lidar com questões desconhecidas com base no conhecimento que aprendeu anteriormente. Neste caso, pode-se afirmar que o *Machine Learning* é um método de reconhecimento de padrões. Sugomori[17] explica que, no *Machine Learning*, a máquina utiliza uma quantidade gigantesca de dados de treinamento, substituindo perguntas complexas por perguntas do tipo *sim* ou *não*, 0 ou 1, e descobre a regularidade com que os dados são marcados com *sim* e com *não*. Em suma, esse sistema pode dar uma resposta reconhecendo e classificando os padrões a partir dos dados fornecidos e, em seguida, classificando esses dados no padrão apropriado (previsão). Dessa forma, quando a máquina se depara com dados desconhecidos numa pergunta é capaz de fazer uma previsão e fornecer uma resposta.

16. *Java Deep Learning Essentials*, *op. cit.*
17. *Idem.*

O *Machine Learning* é um método que possibilita que uma máquina possa processar esse reconhecimento de padrões de forma autônoma sem nenhuma interferência humana. Este padrão de classificação é baseado em uma fórmula numérica chamada de modelo estatístico probabilístico. Esta abordagem tem sido estudada com base em vários modelos matemáticos.[18] No processo de treinamento, os parâmetros de um modelo são ajustados, e, uma vez concluído o aprendizado, são atualizados com esses novos parâmetros. A máquina então categoriza dados desconhecidos no padrão que se ajusta melhor aos parâmetros aprendidos.

Com o *Machine Learning*, as máquinas tornaram-se capazes de processar dados e fornecer respostas que os humanos não são capazes de fazer. Segundo Sugomori (2016), o conceito de *Machine Learning* em si vem de longa data, contudo pesquisadores não tiveram condições de provar a utilidade desse método anteriormente devido à tecnologia da época não suportar o processamento de um alto volume de dados e também pela própria falta de dados.

Atualmente, esse problema foi solucionado. Com a enorme quantidade de dados e códigos-fonte abertos, os pesquisadores puderam experimentar os algoritmos usando todo esse arsenal. Graças à alta capacidade de processamento dos computadores atuais, várias opções de algoritmos e dados, o *Machine Learning* foi cada vez mais aperfeiçoado e com isso surgiu o terceiro *boom* da IA.

O *Machine Learning* sem dúvida é um poderoso método quando se trata da mineração de dados e foi o pontapé inicial para o terceiro *boom* da IA. Contudo, não foi suficiente para alcançar definitivamente o conceito de IA. Mas isso não

18. *Idem.*

significa que essa odisseia chegou ao fim. O terceiro *boom* está apenas começando e uma nova onda está a caminho com o *Deep Learning*. Com o advento deste novo método, pelo menos nas áreas de reconhecimento de imagem e voz, uma máquina tornou-se capaz de decidir a partir dos dados disponibilizados e escolher os melhores dados sem necessidade de manipulação humana.

O *Deep Learning* é apenas o primeiro passo para uma máquina obter conhecimento de forma semelhante aos humanos. É difícil prever qual a próxima inovação. De acordo com a lei de Moore, o número de transistores dobra a cada 18 meses, ou seja, um ano e meio.[19] De acordo com Sugomori, se essa técnica continuar nesse ritmo, o número de transistores ultrapassará dez bilhões, número esse que corresponde à quantidade de células no cérebro humano. Considerando a lei de Moore, em 2045, ele acredita que chegaremos a um ponto crítico chamado *singularidade técnica*.[20]

O termo *singularidade técnica* foi criado pelo cientista Vernor Vinge, que discorre sobre este tema no artigo *The Coming Technological Singularity: How to Survive in the Post-Human Era*, de 1993. Resumidamente, Vinge descreve quatro itens tecnológicos que podem levar à *singularidade técnica* e à superação dos homens pelas máquinas:

1. A velocidade com que os computadores são aperfeiçoados e a evolução da inteligência artificial;
2. As redes de computadores se tornarem autoconscientes;

19. *Idem*.
20. *Idem*.

3. As interfaces homem-máquina se tornarem tão complexas que produziriam um estágio evolutivo do homem;

4. A ampliação da inteligência humana natural através de melhores técnicas da ciência biológica.[21]

Em contrapartida, o filósofo John Searle, em seu artigo "Minds, brains and programs", de 1980, critica a inteligência artificial a qual dividiu em inteligência artificial *forte* e inteligência artificial *fraca*. Para o filósofo, inteligência artificial *forte* é uma IA capaz de simular totalmente a inteligência humana. Já a inteligência artificial *fraca* se associa a métodos específicos, que dão conta de funções especializadas da inteligência humana.

De acordo com Amorim, o pensamento de Searle teve por objetivo mostrar que não é possível replicar totalmente a mente humana utilizando a lógica binária (0 e 1) dos *softwares*. Para comprovar essa teoria, Searle apresentou o argumento do *quarto chinês* como crítica à inteligência artificial *forte* e ao Teste de Turing. Este argumento teve por finalidade elucidar a impossibilidade de duplicação da inteligência humana por meio de algoritmos e para isso Searle fez uma analogia entre uma pessoa dentro de um quarto chinês, onde o quarto é o computador e a pessoa, o programa. Neste quarto (computador), a pessoa (programa) não compreende o significado dos símbolos em chinês e mesmo assim consegue responder perguntas em chinês com base em regras definidas.[22]

21. V. Vinge, The coming technological singularity: How to survive in the post-human era. *Interdisciplinary Science and Engineering in the Era of Cyberspace*, Cleveland, v. 10129, p. 11–22, 1993.
22. P. F. P. de Amorim, *A crítica de John Searle à inteligência artificial: Uma abordagem em filosofia e mente*. Dissertação (Mestrado em Filosofia) – Universidade Federal da Paraíba, Paraíba, 2014.

Atualmente há muitos anúncios de produtos, como sistemas de recomendação e assistentes virtuais, dizendo que utilizam IA. Para Sugomori (2016), esse tipo de anúncio não é correto, pois a palavra inteligência artificial é usada como um conceito mais abrangente. Ele explica que as pesquisas e técnicas acumuladas no passado alcançaram apenas algumas ramificações da IA e as pessoas utilizam este termo de forma errada para designar essas ramificações.

Para Biddle, "o termo inteligência artificial foi banalizado" como tantas outras *buzzrwords* do mundo digital. Ele considera IA como um conceito abrangente que possui subconjuntos, como o *aprendizado de máquina*, que permite aos computadores aprenderem sozinhos e se tornarem mais eficientes numa enorme variedade de aplicações, como o reconhecimento facial, a detecção de fraudes financeiras, entre outras.[23]

De acordo com Domingos o *aprendizado de máquina* é conhecido por vários termos: "reconhecimento de padrões, modelagem estatística, mineração de dados, descoberta de conhecimento, análise preditiva, ciência de dados, sistemas adaptativos", entre outros.[24] Ele alerta para o fato de o *Machine Learning* ser confundido com inteligência artificial e esclarece essa confusão ao explicar que *Machine Learning* é um subconjunto da inteligência artificial. Ou seja, a IA deve ser considerada como um grande guarda-chuva para diversos métodos. Resumidamente, *Machine Learning* é um subconjunto da IA e *Deep Learning* um subconjunto do *Machine Learning*.

23. S. Biddle, Facebook usa inteligência artificial para prever o comportamento de usuário para anunciantes. *The Intercept_Brasil*, abr. 2018.
24. P. Domingos, *O algoritmo mestre*, *op. cit.*, p. 31.

Como o *aprendizado de máquina* pode ser utilizado como dispositivo de controle e modulação do comportamento humano? O próximo item traz conceitos e exemplos que ajudam a elucidar isso.

APRENDIZADO DE MÁQUINA E MODULAÇÃO DO COMPORTAMENTO HUMANO

Em seu *Post-scriptum sobre as sociedades de controle*, de 1992, Deleuze descreve que Foucault situou as sociedades disciplinares nos séculos XVIII e XIX e seu apogeu no século XX. A grande marca desse tipo de sociedade são os meios de confinamento, onde os indivíduos passam de um meio fechado para outro, de casa para a escola, da escola para a fábrica, além dos hospitais e presídios. De acordo com Deleuze (1992), Foucault fez uma análise desses meios de confinamento, especialmente na fábrica, onde era preciso compor no espaço-tempo uma força produtiva. No entanto, Foucault sabia da brevidade desse modelo e do surgimento de um novo tipo de sociedade.

A era da disciplina deu lugar a uma nova era que Deleuze denominou era do controle. Lazzarato mostra algumas características das sociedades disciplinares para facilitar a compreensão dessa nova era. De acordo com ele, as sociedades disciplinares são caracterizadas pelo poder disciplinar e biopolítico. As técnicas disciplinares transformam os corpos, enquanto as técnicas biopolíticas são aplicadas na massa, em processos como o nascimento, a morte, a reprodução e a doença. A disciplina conhece o corpo e o indivíduo, enquanto o biopoder foca na população e na gestão da vida.

Para Lazzarato, as sociedades de controle criaram tecnologias e processos de subjetivação que são bem diferentes das tecnologias e processos das sociedades disciplinares. Com o intuito de descrever a sociedade de controle, ele recorre a três características desse novo tipo de tecnologia de poder:

1. A emergência da cooperação entre cérebros e seu funcionamento por fluxos e redes;

2. Dispositivos tecnológicos que agem à distância e amplificam a potência de ação, tais como a televisão e a Internet; e

3. A formação dos públicos por meio dos processos de subjetivação e sujeição.[25]

Lazzarato considera que "a captura, o controle e a regulação da ação à distância das mentes entre si se faz por meio da modulação dos fluxos de desejos, crenças e das forças (memória e atenção) que circulam entre os cérebros".[26] Para ele, "a memória, a atenção e as relações que elas atualizam tornam-se forças sociais e econômicas que precisam ser capturadas para que possam ser controladas e exploradas".[27]

Em relação à cooperação entre os cérebros, Lazzarato (2006) explica que ela se expressa sob a forma de opinião pública, mediada pela tecnologia. Para ele a "Internet integra e distingue as diferentes transformações da opinião pública, da percepção e da inteligência coletiva". A divisão da sociedade em públicos se sobressai da divisão religiosa, econômica, estética, política, porém sem substituí-las.[28]

25. M. Lazzarato, *As revoluções do capitalismo*. Rio de Janeiro: Civilização Brasileira, 2006, p. 76.
26. *Ibid.*, p. 84.
27. *Idem.*
28. *Ibid.*, p. 77–78.

Outra diferença entre as sociedades disciplinares e as sociedades de controle citada por Lazzarato, é que esta última investe na memória mental e não no corpo. As "disciplinas moldavam os corpos"[29] construindo hábitos, já as sociedades de controle modulam os cérebros criando hábitos na memória.

Para Deleuze, os diferentes modos de controle, os *controlatos*, são variações inseparáveis, formando um sistema cuja linguagem é numérica. Os confinamentos são moldagens fixas, já os controles são uma modulação que muda constantemente. Nas sociedades de controle, "o essencial não é mais uma assinatura" e uma matrícula como ocorria nas sociedades disciplinares, mas sim, uma cifra ou senha. "Os indivíduos tornaram-se dividuais e as massas tornaram-se amostras, dados, mercados, bancos".[30]

A sociedade de controle exerce seu poder utilizando tecnologias de ação e controle à distância que enviam imagens, som e informações por meio de máquinas de modular. Este tipo de tecnologia são "formas ultrarrápidas de controle ao ar livre que substituem antigas disciplinas que operavam em um sistema fechado".[31]

Assim como é preciso compreender as diferenças entre as sociedades disciplinares e as sociedades de controle, é necessário diferenciar os dispositivos de manipulação dos dispositivos de modulação.[32] As empresas do ramo jornalístico podem ser consideradas como dispositivos para expressão da *prática dos jogos de verdade*, ou seja, como dispositivos de

29. *Ibid.*, p. 86.
30. G. Deleuze, *Conversações*. São Paulo: Editora 34, 1992, p. 226.
31. *Ibid.*, p. 224.
32. S. A. da Silvera. *Tudo sobre tod@s: redes digitais, privacidade e venda de dados pessoais*. São Paulo: Edições Sesc, 2017.

manipulação. "A verdade é em si poder. Uma verdade é construída manipulando elementos da realidade, unindo em determinado sentido os fatos, selecionando o que relatar e o que desconsiderar ou omitir".[33]

Foucault descreve que em nossa sociedade, a *economia política da verdade* tem cinco características:

1. A verdade é centrada na forma do discurso científico e nas instituições que o produzem;
2. Está submetida a uma constante incitação econômica e política;
3. É objeto de uma imensa difusão e de um imenso consumo;
4. É produzida e transmitida sob o controle, não exclusivo, mas dominante, de alguns grandes aparelhos políticos ou econômicos;
5. Por fim, é objeto de debate político e de confronto social.[34]

Na percepção de Silveira, os dispositivos de modulação são diferentes dos dispositivos de manipulação ou de criação de verdade por meio do discurso. Para ele, os moduladores são *actantes*,[35] *humanos* e *não humanos* que visam intermediar e facilitar o cotidiano das pessoas.[36]

33. *Idem.*
34. M. Foucault, *Microfísica do poder*. Rio de Janeiro: Paz & Terra, 2015, p. 52.
35. Actante é tudo aquilo que gera uma ação, que produz movimento e diferença, seja ele humano ou não humano. O actante é o mediador, ou seja, é aquele que transforma, traduz, distorce e modifica o significado que ele supostamente transporta (PRAUDE, 2015, *apud* LATOUR, 2012; LATOUR, 2000).
36. S. A. da Silveira, *Tudo sobre tod@s*, *op. cit.*

Com a evolução da propaganda, uma máquina muito bem estruturada desses actantes se desenvolveu, da qual o *Google* e o *Facebook* se destacam: imensos bancos de dados (*Big Data*) e *softwares* de *aprendizado de máquina* que atuam como dispositivos de reconhecimento de padrões, comportamentos e de *marketing*. Estes dispositivos "reúnem, selecionam e vendem milhões de dados sobre nossas aquisições, hábitos de leitura, filmes favoritos, gostos, roupas, bem como o modo como passamos nosso tempo livre".[37] Esses dados configuram os *dividuais*, amostras e dados definidos por Deleuze, cuja finalidade é a modulação.[38]

Essa *megamáquina* aos poucos foi diminuindo o número de operadores humanos, não confiáveis, e aumentando os agentes eletrônicos confiáveis. "As novas máquinas sociais e técnicas" e seus dispositivos vão além da fábrica, elas se apoderaram do comportamento e das ações das pessoas, não apenas no trabalho, mas também na vida cotidiana.[39]

Para Silveira, a modulação do comportamento humano, é o principal objetivo do mercado, quando este busca ferramentas para mineração e análise de dados pessoais. Segundo ele, as técnicas de modulação não são simplesmente a difusão de notícias e publicidade, mas a criação de *situações sociais*. Os dispositivos de modulação são eficazes porque atuam sobre nossa memória e atenção e, também porque na maioria das vezes, são fundamentados com base na nossa subjetividade e emoção.[40]

Silveira explica que após armazenar, minerar e analisar os dados, as empresas definem amostras de perfis semelhantes

37. M. Lazzarato, *As revoluções do capitalismo*, *op. cit.*, p. 38.
38. G. Deleuze, *Conversações*, *op. cit.*, p. 226.
39. M. Lazzarato, *As revoluções do capitalismo*, *op. cit.*, p. 34–35.
40. S. A. da Silveira, *Tudo sobre tod@s*, *op. cit.*

que servem aos dispositivos de modulação. A partir "dos gostos, do temperamento, das necessidades, das possibilidades financeiras, do nível educacional", entre outras categorias, as empresas oferecem "soluções, produtos e serviços" para este grupo potencial de consumidores cujos dados foram analisados.[41] Por isso, o sucesso da modulação requer uma análise rigorosa das pessoas que serão moduladas.

No entanto, "modular o que passará a ser imprescindível ou útil para o cotidiano de uma pessoa ou grupo social é muito complexo".[42] Está relacionado com a prática preditiva que depende de tecnologias como *Big Data*, *aprendizado de máquina* e estudos das ciências cognitivas. De acordo com Silveira, atualmente percebe-se o uso cada vez maior das neurociências e da psicologia na composição das equipes de *marketing*. A predição do que as pessoas estão interessadas em saber pode gerar possibilidades de "modular caminhos, restringir escolhas e incentivar opções".[43]

Michal Kosinski e seus artigos são ótimas fontes para entender o uso dos dados pessoais e *aprendizado de máquina* para predição e modulação do comportamento humano. Ele é psicólogo, cientista de dados e professor na *Stanford Graduate School of Business*. Possui doutorado em psicologia, mestrado em psicometria e psicologia social. Kosinski pesquisa os seres humanos utilizando os rastros digitais, ou *Big Data*, deixados em plataformas e dispositivos combinando conceitos de psicometria, ciência social, psicologia, e *aprendizado de máquina*.

Durante o doutorado, Kosinski e outros colaboradores, criaram o aplicativo *MyPersonality*. Neste aplicativo foram

41. *Idem.*
42. *Idem.*
43. *Idem.*

disponibilizados vários questionários psicométricos, com base nas perguntas do *Big Five*. O objetivo era que alguns amigos preenchessem os questionários, mas para surpresa deles, "milhões lhes revelaram suas crenças, sentimentos e comportamentos". Como resultado, eles se viram perante o "maior banco de dados de personalidade da história".[44]

Avaliações psicométricas fazem parte de um ramo da psicologia denominado psicometria que visa analisar e mensurar características psicológicas e a personalidade do individuo. Um dos mecanismos utilizados é o *Big Five* (cinco dimensões centrais da personalidade dos seres humanos). Essas avaliações foram compostas por diferentes psicólogos, na década de 1980, por meio de uma análise fatorial dos dados proporcionados pelas pessoas pesquisadas a partir de "inventários de personalidade" e de extensos questionários. Todas as informações foram sintetizadas em cinco principais fatores: abertura ao novo, consciência, sociabilidade, extroversão e traços neuróticos.[45]

De acordo com Kosinski, a predição de características e atributos individuais com base em testes psicométricos vem de longa data. Atualmente, as atividades humanas e suas interações sociais são mediadas por plataformas e dispositivos digitais. Essa crescente imersão em ambientes digitais e a dependência dos dispositivos fizeram com que os traços de comportamentos, comunicação, interações sociais, ou seja, os rastros digitais das pessoas fossem facilmente registrados.[46]

44. P. Guareschi, Pedrinho. Psicologia e pós-verdade. *In*: _____; AMON, Denise; GUERRA, André. *Psicologia, comunicação e pós-verdade*. Porto Alegre: Abrapso, 2017, p. 173.
45. *Idem*.
46. S. C. Matza *et. al.*, Psychological Targeting as an Effective Approach to Digital Mass Persuasion. PNAS, v. 114, n. 48, nov. 2017.

Para Kosinski,[47] a disponibilidade desses rastros digitais, juntamente com poder de computação e algoritmos de Aprendizado de Máquina, oferece grandes oportunidades para a ciência social, pois grandes volumes de dados facilitam a descoberta de padrões que podem não estar disponíveis em amostras menores, além de contribuir para reduzir erros de amostragem. Modelos preditivos baseados em pegadas digitais (*digital footprints*) também podem ser usados para desenvolver ferramentas de diagnóstico e medidas psicométricas úteis para pesquisa e prática psicológica. Além disso, abriram caminho para o surgimento da ciência social computacional.

Kosinski alertam que as pessoas podem até optar por não revelar certas informações sobre suas vidas, e mesmo assim essas informações serem previstas com base em outros aspectos que elas expõem por meio de seus rastros digitais. Este tipo de previsão pode ser utilizado para melhorar produtos e serviços, mas de uma forma negativa, podem levar a invasões de privacidade.

Em 2014, Kosinski e seus colaborados fizeram uma pesquisa para validar se os julgamentos de personalidade feitos por um computador são mais precisos do que os realizados por humanos. Esta pesquisa foi documentada no artigo *Computer-based personality judgments are more accurate than those made by humans*, de 2014. De acordo com os pesquisadores, os resultados desse artigo mostraram que os modelos baseados em computador são mais precisos que os humanos na tarefa de julgamento da personalidade. Segundo Cadwalladr (2018), este artigo serviu de inspiração para que Robert Mercer investisse na criação da Cambridge Analytica.

47. Mining Big Data to Extract Patterns and Predict Real-Life Outcomes. *Psychological Methods*, v. 21, n. 4, 2016.

Youyou concluíram neste estudo que ferramentas de avaliação de personalidade automatizadas são precisas e de baixo custo e podem afetar a sociedade das seguintes formas: mensagens de *marketing* podem ser adaptadas às personalidades dos usuários; recrutadores podem combinar melhor os candidatos com trabalhos tendo como base a personalidade dos mesmos e produtos e serviços podem se ajustar para corresponder melhor aos seus usuários.[48]

Entretanto, Youyou destacam que o conhecimento a respeito da personalidade das pessoas também pode ser utilizado para modulá-las e influenciá-las.[49] Por este motivo, as pessoas podem não aceitar esse tipo tecnologia ao perceberem que o governo, redes sociais ou mecanismos de busca podem predizer suas características pessoais com mais precisão do que seus próprios familiares e amigos. Diante disso, os autores esperam que desenvolvedores de tecnologia e formuladores de políticas considerem esses desafios e se apoiem em leis de proteção dos dados.

Segundo Matza, a comunicação de massa persuasiva é utilizada por governos, *marketing* e partidos políticos e tem por objetivo incentivar grupos de pessoas a acreditar e agir de acordo com o ponto de vista do comunicador.[50] Estudos mostram que, quando adaptada às características e motivações psicológicas das pessoas, a comunicação de massa persuasiva se mostra eficaz. Contudo, quando esses estudos são realizados por meio de questionários, em laboratório, e com uma amostra reduzida, a eficácia é limitada devido aos vie-

48. W. Youyou *et al.*, Computer-based personality judgments are more accurate than those made by humans. PNAS, v. 112, n. 4, jan. 2014, p. 4.
49. *Idem.*
50. S. C. Matza *et al.*, *Psychological Targeting as an Effective Approach to Digital Mass Persuasion*, *op. cit.*

ses de resposta e outras razões que levam o comportamento das pessoas a diferir do apresentado em laboratório. Diante desses fatos, é questionável se esses resultados podem ser generalizados para a massa no mundo real.

Pesquisas recentes no campo das ciências sociais computacionais sugerem que os perfis psicológicos das pessoas podem ser previstos com precisão a partir dos rastros digitais que elas deixam. Para validar se a segmentação psicológica traçada com base nos rastros digitais é eficaz para persuasão de massa, Matza realizaram três experimentos, com mais de 3,7 milhões de pessoas. O resultado comprovou a eficácia do direcionamento psicológico no contexto da persuasão digital em massa. A adaptação de apelos persuasivos aos perfis psicológicos permitiu influenciar o comportamento e escolhas dos participantes. O experimento foi medido com base nos cliques[51] e conversões[52] efetuados pelos participantes. Contudo, apesar dos três experimentos terem sido bem-sucedidos, Matza evidenciam pontos críticos que merecem atenção.[53]

O primeiro deles é que a eficácia da persuasão psicológica em larga escala no ambiente digital depende muito da alta precisão na previsão dos perfis psicológicos. A precisão é um item importante, pois quanto menor a taxa de erro mais assertiva é a previsão. Mesmo que a previsão utilize *Big Data* e seja feita por Aprendizagem de Máquina, não está livre de limitações, como a necessidade de calibrar e atualizar cons-

51. Taxas de cliques (CTRS) são uma medida comum de *marketing* digital que quantifica o número de cliques em relação ao número de vezes que o anúncio foi mostrado.
52. Taxa de conversão é uma métrica de *marketing* que reflete o número de conversões, como downloads de aplicativos ou compras em lojas *online*, em relação ao número de vezes que o anúncio foi exibido.
53. *Idem*.

tantemente o algoritmo. Matza[54] dão o seguinte exemplo: gostar de *Game of Thrones* quando a série de TV foi lançada em 2011 poderia ser um indicador de introversão, contudo, a crescente popularidade da série pode ter tornado isso menos previsível. Outro ponto que pode afetar a precisão é que, apesar da avaliação psicológica das impressões digitais permitir definir o perfil de um grande número de pessoas sem o preenchimento de questionários, a maioria dos algoritmos são desenvolvidas com base nesses questionários e podem absorver alguns problemas dos mesmos.

Por fim, Matza[55] chamam a atenção para o fato de que a implementação da persuasão psicológica em massa, embora ofereça oportunidades, também acarreta riscos e desafios éticos. Ela tanto pode ser utilizada para ajudar as pessoas a tomar melhores decisões e aliviar problemas sociais quanto para explorar pontos fracos ou modular as pessoas a se comportarem de maneira que não são do interesse delas. Os autores citam relatos da mídia alegando que a campanha presidencial dos EUA, de 2016, usou perfis psicológicos de milhões de cidadãos dos EUA para suprimir votos e mantê-los longe das eleições. Eles também levantaram a questão da falta de legislação para proteção da privacidade dos dados no ambiente digital. Embora eles tenham tido o cuidado de realizar uma segmentação indireta mantendo o anonimato e privacidade individual dos participantes, os experimentos também poderiam ser usados para revelar traços íntimos dos indivíduos sem o consentimento dos mesmos.

Ao ler os artigos de Michal Kosinski percebe-se que no início o interesse era apenas incluir as pessoas analisadas

54. *Idem.*
55. *Idem.*

em algumas dimensões do *Big Five*. Depois Kosinski e seus colaboradores passaram a comparar os resultados com o que os pesquisados curtiam, compartilhavam e postavam no Facebook e posteriormente passaram a cruzar esses dados com os dados de outras plataformas digitais. Surgiu dessa forma a possibilidade de traçar perfis segmentados e comparações entre esses perfis.[56]

Essa descoberta contribuiu para áreas como a da "psicologia da persuasão, publicidade, política e economia", pois "dependendo da quantidade de pessoas investigadas nas redes sociais" e dos rastros digitais dessas pessoas em outras plataformas, é possível criar "perfis minuciosos e detalhados" que podem ser utilizados para estudos de todo o tipo, como para fins políticos, de publicidade, entre outros.[57]

Isso mostra o poder que está em fazer uso de enormes quantidades de dados (*Big Data*). Não há nenhuma restrição tecnológica que impeça os computadores de analisar milhões de dados sobre o comportamento das pessoas e extrair tendências suficientes para que se possa conhecer o que essas pessoas pensam, acreditam, gostam, quais valores defendem e o que as motivam. Não há dúvidas de que "sempre haverá pessoas que discordam de determinadas opiniões ou valores", "mas isso não tem importância para quem sabe que seus anúncios vão atingir milhões influenciados por essas mensagens".[58]

Atualmente, podemos considerar a postagem e a curtida como sendo semelhante ao ato de responder ao questionário ou uma entrevista dirigida. Outras opções de oferecimento

56. P. Guareschi, Psicologia e pós-verdade, *op. cit.*
57. *Ibid.*, p. 173.
58. *Ibid.*, p. 175.

gratuito de informação são os compartilhamentos e comentários. À medida que usuários postam mensagens no Facebook, ou em outras redes sociais, sem que tenham consciência, um algoritmo de *aprendizado de máquina* vai sendo constantemente construído e atualizado com base nesse imenso banco de dados "livremente oferecido".[59]

The Intercept, site lançado em 2014, pelo jornalista Glenn Greenwald, a cineasta Laura Poitras e o pesquisador Jeremy Scahill, teve acesso a um documento confidencial do Facebook. De acordo com este documento, o Facebook desenvolveu um *software* de *Machine Learning*, denominado *FBLearner Flow* que permite ofertar às empresas segmentação de público-alvo, com base no comportamento, hábitos de consumo e tendências de posicionamentos futuros dos usuários.[60]

Segundo Biddle, o "documento alardeia" que "a previsão de comportamentos futuros" permite a criação de campanhas publicitárias baseadas em decisões que o público-alvo ainda não tomou permitindo a terceiros alterar essas decisões. No texto, também é descrito que o Facebook pode varrer toda sua base de dados para levantar milhões de indivíduos que estariam "sob risco" de mudar uma "determinada marca pela concorrência". Com base nessa informação, uma empresa poderia prever isso e direcionar uma campanha publicitária para esses usuários com a finalidade de fazê-los mudar de ideia. O Facebook denominou isso de *improved marketing eficiency* (eficiência de *marketing* aprimorada), cuja finalidade é utilizar informações da vida dos usuários para predizer se eles estão se cansando de um determinado produto ou marca.

59. *Ibid.*, p. 176.
60. S. Biddle, Facebook usa inteligência artificial para prever o comportamento de usuário para anunciantes, *op. cit.*

Com isso, o Facebook ofertaria o serviço de *loyalty prediction*, ou"previsão de fidelidade".[61]

Esse novo tipo de serviço do Facebook está intimamente relacionado com a prática de traçar *perfis psicográficos* utilizando os rastros digitais dos usuários. No caso específico do Facebook isso dispara um sinal de alerta devido ao acesso irrestrito que esta empresa tem aos imensos bancos de dados sobre preferências e comportamento de seus usuários.[62]

No documento são mencionadas algumas das informações utilizadas pelo *FBLearner Flow*, como localização, informações do dispositivo, redes de telefone, *wi-fi*, visualizações de vídeos, afinidades e certos detalhes sobre amizades, como as similaridades entre o usuário e seus contatos. Essa prática é denominada pela empresa como a expertise do Facebook em *Machine Learning* usada para desafios em áreas estratégicas de negócios. Embora no documento o Facebook afirme que todas as informações são agregadas e anonimizadas, preservando a privacidade dos usuários, a empresa está monetizando informações privadas de seus usuários.[63]

Segundo Biddle, o *FBLearner Flow* foi declarado como parte das ferramentas internas, cujo objetivo é ajudar o Facebook a se adequar às preferências do usuário. Ao fazer uma pesquisa sobre o *FBLearner Flow* encontra-se a seguinte publicação, do próprio Facebook: *Applied Machine Learning at Facebook: A Datacenter Infrastructure Perspective*.[64] Nesta publicação é descrita a infraestrutura de *hardwares* e *softwares* que suporta o *apren-*

61. *Idem.*
62. *Idem.*
63. *Idem.*
64. K. Hazelwood *et al.*, Applied Machine Learning at Facebook: A Datacenter Infrastructure Perspective. *Facebook Research*, fev. 2018.

dizado de máquina do Facebook e entre a lista de *softwares*, consta o FB*Learner Flow*.

De acordo com Hazelwood, no Facebook o Aprendizado de Máquina fornece recursos essenciais para impulsionar quase todos os aspectos da *experiência do usuário*. O Facebook utiliza uma ampla variedade de algoritmos de *Machine Learning* nos seus serviços. Por exemplo, a classificação do *feed* de notícias utiliza o algoritmo *Multi Layer Perceptron* (MLP). A finalidade é fazer com que as pessoas visualizem as histórias mais importantes para elas. Os modelos dos *feeds* de notícias são treinados para determinar vários fatores do ambiente e dos usuários e com base neles determinar a ordem e classificação do conteúdo. O serviço de anúncios também utiliza o algoritmo MLP para determinar quais anúncios devem ser exibidos para os usuários. Os modelos de anúncios são treinados para aprender com as características do usuário, as interações anteriores e quais atributos do anúncio podem ser mais preditivos para a probabilidade dos usuários clicarem, visitar um site e/ou comprar um produto. O serviço de reconhecimento facial do Facebook utiliza o algoritmo *Suport Vector Machine* (SVM). Dada uma imagem, primeiro são encontrados todos os rostos nessa imagem. Em seguida, o algoritmo executa um reconhecimento facial específico dos usuários oferecendo uma sugestão para marcação dos amigos nas fotos. A Tradução de Idiomas é o serviço que gerencia a internacionalização de conteúdo do Facebook. Este serviço suporta traduções para mais de 45 idiomas e utiliza o algoritmo *Recurrent Neural Networks* (RNN).

Uma análise dos serviços do Facebook mostra o quanto algoritmos *aprendizado de máquina* influenciam na escolha das notícias, postagens e anúncios que são exibidos na *timeline* do Facebook. O usuário tem a ilusão de que escolhe o que lê, visualiza, curte, comenta e compartilha, mas isso é uma falsa liberdade. Na verdade, quem classifica, exclui e decide o que aparece na *timeline* é um algoritmo de *aprendizado de máquina* e é com base nessa classificação que as interações dos usuários do Facebook são realizadas.

Como alertou Lazzarato, somos submetidos à força e o papel estratégico desempenhado pelas *máquinas de expressão*[65] e essas máquinas tornam as opções que são apresentadas fechadas e totalitárias. Elas destroem nossa capacidade para "escolher outros mundos possíveis ou que poderiam vir a existir".[66] Nossa liberdade se resume a escolher entre opções previamente formatadas. De acordo do Domingos, quando os algoritmos de Aprendizado de Máquina "se tornam o intermediário, o poder se concentra neles". Segundo este autor, a última etapa nesse processo de escolha é sempre nossa, contudo as opções apresentadas são 99,9% selecionadas por algoritmos de *aprendizado de máquina*.[67]

De acordo com Hazelwood,[68] o FBL*earner Flow* faz parte do kit de ferramentas que visam alavancar o *aprendizado de máquina* nos produtos do Facebook.

Esse kit consiste num conjunto de três ferramentas, onde cada uma concentra-se em diferentes partes do *aprendizado de máquina*. Segue descrição dessas ferramentas:

1. O FBL*earner Feature Store* é um catálogo de vários geradores de recursos (dados) que podem ser usados para treinamento e previsão em tempo real. Ter esta lista

65. M. Lazzarato, *As revoluções do capitalismo*, *op. cit.*, p. 81.
66. *Ibid.*, p. 105.
67. P. Domingos, *O algoritmo mestre*, *op. cit.*, p. 35.
68. Applied Machine Learning at Facebook, *op. cit.*

de recursos é o ponto de partida para que as equipes comecem a usar o *Machine Learning*, além de ajudar a melhorar os modelos existentes com novos recursos. Os dados são obtidos por meio das interações (curtidas, comentários, compartilhamentos, fotos) que os usuários disponibilizam no Facebook;

2. O FB*Learner Flow* funciona como um sistema de gerenciamento que executa um fluxo de trabalho descrevendo as etapas para treinar e/ou avaliar um modelo e os recursos (dados) necessários para o seu uso. Possui ferramentas para o gerenciamento de experimentos e uma interface com o usuário que controla todos os artefatos e métricas gerados por cada execução ou experimento de fluxo de trabalho;

3. O FB*Learner Predictor* é o mecanismo de inferência interna que usa os modelos treinados no *Flow* para fornecer previsões em tempo real. O *Predictor* é usado por várias equipes de produtos no Facebook.[69]

Segundo Biddle (2018), o Facebook foi questionado a respeito do FB*Learner Flow* e de quais dados dos usuários são usados para prever comportamentos, ou se essa tecnologia poderia ser usada em outros contextos mais sensíveis, como campanhas políticas ou assistência médica. Em resposta, a equipe de relações públicas do Facebook, afirmou apenas que o FB*Learner Flow* é utilizado para gerenciar fluxos de trabalho e que o mesmo não é usado como um serviço de *marketing*.

69. *Idem.*

É difícil comprovar se o Facebook utiliza o *FBLearner Flow* para realizar previsões futuras dos usuários ou que tenha desenvolvido alguma outra ferramenta com esta finalidade. No entanto, ao analisar a patente *Predicting Life Changes of Members of a Social Networking System*,[70] registrada em 2010, fica claro o intuito dessa empresa em utilizar *aprendizado de máquina* e *Big Data* para prever ou inferir mudanças futuras na vida dos usuários, como alteração do estado civil, novos empregos, nascimentos de filhos, entre outras mudanças significativas.

Na visão de Frank Pasquale, professor de Direito da Universidade de Maryland e pesquisador sobre ética dos algoritmos da Universidade de Yale, este projeto de previsão comportamental do Facebook é *assustador*. Ele está preocupado com a possibilidade de que as previsões do algoritmo sejam transformadas pela empresa em profecias autorrealizáveis. "Porque, uma vez feita a previsão, a empresa tem um interesse financeiro na sua realização".[71]

De acordo com Jonathan Albright, diretor de Pesquisa do Tow Center for Digital Journalism, da Universidade de Columbia, a segmentação de anúncios via *aprendizado de máquina* sempre pode virar uma arma para influenciar, por exemplo, a política. Ele se preocupa com os possíveis usos dessas técnicas nas eleições.[72] Para Biddle, os estímulos gerados pelo *aprendizado de máquina* já são problemáticos quando se trata de incentivar uma compra, imagina o quanto isso pode ser ao usar a tecnologia para angariar votos.

70. Disponível em *hedra.com.br/r/vr5*.
71. F. Pasquale *apud* Biddle, Facebook usa inteligência artificial para prever o comportamento de usuário para anunciantes, *op. cit.*
72. Albright *apud* Biddle, *op. cit.*

De acordo com Domingos, "foi o *Machine Learning* que elegeu" Barack Obama em 2012. Segundo ele, a campanha de Mitt Rommey seguiu uma abordagem convencional de consulta, compilando os eleitores em categorias genéricas. Já Obama, contratou Rayid Ghani, especialista em *Machine Learning*, para ser cientista-chefe de sua campanha.[73]

Rayid Ghani empreendeu a uma das maiores operações de análise da história política. Ele reuniu todas as informações sobre eleitores em um único banco de dados; cruzou estes dados com o que conseguiu minerar em redes sociais, *marketing* e outras fontes; e com a análise de todos esses dados conseguiu prever esses quatro itens para cada eleitor: "qual a probabilidade de apoiar Obama; comparecer às pesquisas; reagir aos lembretes da campanha e mudar de opinião a partir de uma troca de ideias sobre um assunto especifico". Com base nesse modelo, a campanha realizou 66 mil simulações da eleição e de acordo com os resultados direcionou as equipes com "as informações de quem deveriam chamar, em quais portas deveriam bater e o que dizer".[74]

Na política, como nos negócios e na guerra, não há nada pior que ver seu oponente realizar movimentos que você não entende e sobre os quais não sabe o que fazer até ser tarde demais. Foi isso que aconteceu na campanha de Romney. Eles podiam ver o adversário comprando anúncios em determinadas emissoras a cabo de cidades específicas, mas não sabiam o porquê; sua bola de cristal estava muito embaçada. No fim das contas, Obama ganhou a preferência de todos os estados decisivos, exceto Carolina do Norte, com margens maiores que o previsto até pelos mais confiáveis peritos em opinião pública.[75]

73. P. Domingos, *O algoritmo mestre*, *op. cit.*, p. 40–41.
74. *Ibid.*, p. 41.
75. *Idem.*

Nas eleições de 2016, dos Estados Unidos, o uso de *Machine Learning* e *Big Data* já não eram o que havia de mais moderno e eficiente. Steve Bannon, conselheiro da campanha de Donald Trump e membro do conselho da Cambridge Analytica, apresentou um novo arsenal tecnológico muito mais potente. Para tal empreitada, a Cambridge Analytica recebeu um investimento de US$ 15 milhões de Robert Mercer, bilionário cientista da computação americano, especializado em inteligência artificial, na área de reconhecimento de fala e tradução.[76] A meta era criar ferramentas que pudessem identificar as personalidades dos eleitores americanos e influenciar seu comportamento. A motivação veio de um artigo de 2014, elaborado pelo Cambridge's Psychometrics Center, denominado *Computer-based personality judgments are more accurate than those made by humans*.[77] Contudo, eles ainda não tinham os dados necessários para tal empreitada.[78]

De acordo com Matthew,[79] essa história começou quando Alexander Nix, líder da divisão de eleições do *SCL Group*, contratou Christopher Wylie com o objetivo de entrar no mundo de dados políticos. Wylie foi ligado aos veteranos das campanhas do presidente Obama e estava interessado em usar traços psicológicos para influenciar o comportamento dos eleitores. Wylie encontrou a solução para criação da nova ferramenta, no Centro de Psicometria da Universidade de Cambridge. Os cientistas dessa universidade desenvolveram uma técnica para mapear traços de personalidade com base

76. R. Matthew *et al.*, How Trump Consultants Exploited the Facebook Data of Millions. *The New York Times*, mar. 2018
77. W. Youyou, Computer-based personality judgments are more accurate than those made by humans, *op cit.*
78. R. Matthew, How Trump Consultants Exploited the Facebook Data of Millions, *op cit.*
79. *Idem.*

no que as pessoas curtiam no Facebook e demais plataformas digitais. Para realizar esse estudo, os pesquisadores, Michal Kosinski e seus colaboradores, criaram o aplicativo *MyPersonality*, conforme descrito anteriormente.

Segundo Matthew,[80] o Centro de Psicometria não aceitou a proposta para trabalhar com a Cambridge Analytica. Wylie, então, encontrou o dr. Kogan, professor de psicologia e especialista em psicometria de mídias sociais, na Universidade de Cambridge, que construiu seu próprio aplicativo, chamado *This is your Digital Life* e em junho de 2014 começou a coletar os dados para a Cambridge Analytica.

Os usuários receberam um pagamento para baixar o aplicativo e conceder suas informações do Facebook em troca do resultado do teste. Na época, foram informados que esses dados seriam utilizados para fins acadêmicos. O que não foi informado é que, além dos dados dos usuários, o aplicativo também coletaria dados de toda a rede de amigos desses usuários e que todos esses dados seriam utilizados para fins políticos.

De acordo com Matthew,[81] o aplicativo forneceu mais de 50 milhões de perfis brutos para a empresa. Desses perfis, cerca de 30 milhões continham informações que a empresa poderia construir perfis psicográficos e apenas cerca de 270.000 usuários consentiram em ter seus dados colhidos que foram aqueles que participaram da pesquisa.

Em síntese, a *Global Science Research* (GSR), empresa de análise de dados de Aleksandr Kogan em parceria com a Cambrigde Analytica que foi financiada por um especialista em inteligência artificial, coletou dados dos perfis do Facebook

80. *Idem*.
81. *Idem*.

de milhões de eleitores americanos para usá-los na construção de um algoritmo para prever e influenciar as escolhas dos eleitores.[82]

Toda essa situação gerou uma grande indignação e culminou com a Cambridge Analytica e o Facebook sendo focos de um inquérito sobre dados e política feito pelo *British Information Commissioner's Office*, uma autoridade independente, no Reino Unido que promove a proteção dos dados pessoais. De acordo com Cadwalladr e Graham-Harrison (2018), o senador democrata, Mark Warner, disse que a coleta de dados em uma escala tão ampla como essa para a segmentação política requer controles mais rígidos e uma regulamentação da propaganda política *online* da mesma forma que a televisão, o rádio e a mídia impressa.

PERSUASÃO DIGITAL E SEGMENTAÇÃO

Os resultados das pesquisas com base em psicometria, rastros digitais dos usuários e *aprendizado de máquina* mostraram que julgamentos de personalidade feitos por algoritmos são mais precisos do que os realizados por humanos, e a persuasão digital em massa é eficaz quando se tem um grande volume de dados e é feita uma análise minuciosa e com alta precisão para segmentação e direcionamento de mensagens personalizadas.

As eleições de Barack Obama, em 2012 e Donald Trump, em 2016, são exemplos do mundo real (fora da academia e do laboratório) de utilização do *aprendizado de máquina* como dispositivo de modulação para fins políticos.

82. C. Cadwalladr & E. Graham-Harrison, Revealed: 50 million Facebook profiles harvested for Cambridge Analytica in major data breach. *The Guardian*, mar. 2018.

No entanto, a predição do comportamento dos eleitores, nas eleições americanas de 2016, para segmentação e direcionamento de discurso político personalizado, gerou vários questionamentos. Em 2018, quando o escândalo da Cambridge Analytica e o vazamento de dados dos usuários do Facebook vieram à tona, esses questionamentos ganharam força e acendeu um alerta para a privacidade dos dados pessoais e a necessidade de uma regulamentação da propaganda política *online* entre outras medidas.

Diante de tudo isso, ficam as seguintes perguntas: "Todo esse maquinismo abre possibilidades e potencialidades para emancipação ou eles conduzem de modo inelutável à catástrofe"?[83] "Da privacidade ao futuro do trabalho e à ética da guerra robotizada, veremos onde estão os problemas e como resolvê-los"?[84]

Obter as respostas e ações efetivas para estes questionamentos é uma tarefa árdua. Um caminho possível requer como primeiro passo um exaustivo trabalho de conscientização das pessoas. É preciso que elas saibam o valor de cada curtida, post e comentário e o quanto isso revela sobre suas vidas e principalmente a influência que isso implica nas suas escolhas diárias, desde o ato de votar até a simples compra de um livro e como isso pode ser monetizado pelas plataformas digitais. Concluído o primeiro passo, vem a parte mais difícil que é definir uma regulamentação que permita a governança desses algoritmos e a privacidade dos dados.

83. M. Lazzarato, *As revoluções do capitalismo*, *op. cit.*, p. 39.
84. P. Domingos, *O algoritmo mestre*, *op. cit.*, p. 22.

BIBLIOGRAFIA

AMORIM, Paula Fernanda Patrícia de. *A crítica de John Searle à inteligência artificial: uma abordagem em filosofia e mente*. 99f. Dissertação (Mestrado em Filosofia) – Universidade Federal da Paraíba, Paraíba, 2014.

BIDDLE, Sam. Facebook usa inteligência artificial para prever o comportamento de usuário para anunciantes. Trad. Bernardo Tonasse. *The Intercept_Brasil*, abr. 2018.

BORINI, Guilherme. Facebook investe US$ 30 milhões para aquisição de startup de inteligência artificial. *Computer World*, maio 2018. Disponível em *hedra.com.br/r/AoS*.

CADWALLADR, Carole. The Cambridge Analytica Files – 'I made Steve Bannon's psychological warfare tool': meet the data war whistleblower. *The Guardian*, mar. 2018. Disponível em *hedra.com.br/r/kMz*.

_______ & GRAHAM-HARRISON, Emma. Revealed: 50 million Facebook profiles harvested for Cambridge Analytica in major data breach. *The Guardian*, mar. 2018. Disponível em *hedra.com.br/r/JXX*.

CAVALHEIRO, Glauco & BRANDÃO, Carolina Gandon. Comunicação e retórica: Um contexto teórico para pensar a pós-verdade. *In*: GUARESCHI, Pedrinho A; AMON, Denise; GUERRA, André. *Psicologia, comunicação e pós-verdade*. Porto Alegre: Abrapso, 2017, p. 83–100.

DELEUZE, Gilles. *Conversações*. São Paulo: Editora 34, 1992.

DOMINGOS, Pedro. *O algoritmo mestre*. São Paulo: Novatec, 2017.

FOUCAULT, Michel. *Microfísica do poder*. Rio de Janeiro: Paz & Terra, 2015.

GUARESCHI, Pedrinho. Psicologia e pós-verdade. *In*: GUARESCHI, Pedrinho A; AMON, Denise; GUERRA, André. *Psicologia, comunicação e pós-verdade*. Porto Alegre: Abrapso, 2017, p. 161–193.

HAAS, Guilherme. Google compra DeepMind, startup de programação em inteligência artificial. *Tecmundo*, jan. 2014. Disponível em *hedra.com.br/r/P1W*.

HAZELWOOD, Kim *et al*. Applied Machine Learning at Facebook: A Datacenter Infrastructure Perspective. *Facebook Research*, fev. 2018. Disponível em *hedra.com.br/r/4In*.

JÚNIOR, Gilberto Timótheo & LIMA, Sérgio Muinhos Barroso. Algoritmos genéticos aplicados a jogos eletrônicos. *Revista Eletrônica da Faculdade*

Metodista Granbery, Minas Gerais, n. 8, jan.-jun. 2010. Disponível em *hedra.com.br/r/asH*.

KOSINSKI, Michal; STILLWELLA, David; GRAEPELB, Thore. Private traits and attributes are predictable from digital records of human behavior. PNAS, v. 110, n. 15, abr. 2013. Disponível em *hedra.com.br/r/L3a*.

______ *et al.* Mining Big Data to Extract Patterns and Predict Real-Life Outcomes. *Psychological Methods*, v. 21, n. 4, 2016. Disponível em *hedra.com.br/r/FZy*.

LAZZARATO, Maurizio. *As revoluções do capitalismo*. Rio de Janeiro: Civilização Brasileira, 2006.

______. *Signos, máquinas, subjetividades*. São Paulo: Edições Sesc/n-1 edições, 2014.

MATTHEW, Rosenberg *et al.* How Trump Consultants Exploited the Facebook Data of Millions. *The New York Times*, mar. 2018. Disponível em *hedra.com.br/r/IcB*.

MATZA, S. C. *et. al.* Psychological Targeting as an Effective Approach to Digital Mass Persuasion. PNAS, v. 114, n. 48, nov. 2017. Disponível em *hedra.com.br/r/Qbi*.

MCCULLOCH, Warren S. & PITTS, Walter. A logical calculus of the ideas immanent in nervous activity. *Bulletin of Mathematical Biophysics*, v. 52, p. 99–115, 1990. Disponível em *hedra.com.br/r/neP*.

MOREIRA, Daniel. O que é uma startup?. *Exame*, fev. 2018. Disponível em *hedra.com.br/r/hrs*.

PRAUDE, Carlos Correia. *Arte Computacional e Teoria Ator-Rede: actantes e associações intersubjetivas em cena*. Tese (Doutorado em Arte) – Universidade de Brasília, Brasília, 2015.

SEARLE, John R. Minds, brains, and programs. *The Behavioral and Brain Sciences*, v. 3, p. 417–457, 1980. Disponível em *hedra.com.br/r/rdb*.

SILVEIRA, Sergio Amadeu da. *Tudo sobre tod@s: redes digitais, privacidade e venda de dados pessoais*. São Paulo: Edições Sesc, 2017.

SUGOMORI, Yusuke. *Java Deep Learning Essentials*. Birmingham: Packt Publishing, 2016.

TURING, A. M. Computing Machinery and Intelligence. *Mind*, v. 49, n. 236, p. 433–460, out. 1950. Disponível em *hedra.com.br/r/xnD*.

VINGE, Vernor. The coming technological singularity: How to survive in the post-human era. *Interdisciplinary Science and Engineering in the Era of Cyberspace*, Cleveland, v. 10129, p. 11–22, 1993. Disponível em *hedra.com.br/r/mI1*.

YOUYOU, Wu; KOSINSKIB, Michal; STILLWELLA, David. Computer-based personality judgments are more accurate than those made by humans. PNAS, v. 112, n. 4, jan. 2014. Disponível em *hedra.com.br/r/MtK*.

Da biopolítica à modulação

Psicologia social e algoritmos como agentes da assimilação neoliberal

CÍNTHIA MONTEIRO[1]

Em *O nascimento da biopolitica*, Foucault não procura encontrar a história do que é verdadeiro ou falso, mas a história da veridição, ou seja, como as verdades nos mecanismos de controle foram construídas e assimiladas pela sociedade. Contudo a biopolítica se diverge do biopoder, uma vez que a primeira representa a construção da outra, ou sua estrutura edificante. A biopolítica representa o discurso que constrói o biopoder, e uma vez solidificado, o bipoder é o que garante uma submissão carregada de legitimidade, ou mesmo o poder de submeter sujeitos, povos, entre outros.[2]

O poder de vida e morte sai das mãos do soberano e vai para uma espécie de enquadramento nos moldes de sujeito ideal do sistema neoliberal. Os mecanismos de *fazer viver e deixar morrer* ganham uma qualidade técnica de quase *soberania da ciência*, com destaque para correntes positivistas.[3]

1. Graduada em Ciências Sociais – Ênfase em Sociologia – pela UFSCar. Mestranda em Ciências Humanas e Sociais pela UFABC.
2. M. Foucault, *Em defesa da sociedade*. São Paulo: Martins Fontes, 1999.
3. Positivismo: Corrente filosófica francesa que surgiu no começo do século XIX. O principal idealizador do positivismo foi o filósofo Augusto Comte. Veja H. Trindade, *O Positivismo: teoria e prática*. Porto Alegre: UFRGS, 2007.

Foucault destaca o racismo de Estado como mecanismo de domínio das populações que deveriam se submeter às populações superiores. É nesse aspecto que a biopolítica se torna um mecanismo científico para enquadrar e submeter os indivíduos. Uma tecnologia disciplinar que não visa somente moldar os corpos, mas os seres humanos enquanto espécie. Políticas segregacionistas, raciais, exclusão de doentes mentais foram centrais no século XIX e XX, onde a ideologia de criação do ser humano perfeito submeteram, em nome do progresso social, diversas pessoas a um ideal de sociedade. Foucault utiliza o exemplo de prisões e hospícios como concretização dos ideais de segregação dos indesejáveis.

A medicina tem papel fundamental na construção da biopolítica e do biopoder, pois além do poder de vida e morte, as políticas de submissão popular ao sanitarismo entre outras políticas públicas de intervenção técnica têm forte poder na transformação do ideário social e controle. Trata-se de um ramo científico com propriedades para influir sobre os corpos da população com grande peso de legitimidade, que se exerce sobre vida e morte e não necessariamente o poder do soberano de assassínio. Quando falamos sobre poder de vida e morte, tratamos de deixar viver ou morrer ou do assassínio indireto que consiste em exclusão, exposição ao risco de morte, aumento das chances de determinado grupo social morrer ou a exclusão política, rejeição que encaminha pessoas para a marginalidade.[4] São políticas de controle de natalidade, mortalidade, incapacidades biológicas e a limitação desses indivíduos no âmbito social, com as quais se passa a tratar da "população como problema político, como problema ao mesmo tempo científico e político, como pro-

4. M. Foucault, *Em defesa da sociedade*, *op. cit.*

blema biológico e como problema de poder".[5] A medicina como forte instrumento da biopolítica desenha o projeto de sucesso e de fracasso que leva as pessoas a se enquadrarem nesse modelo ou serem relegadas à marginalidade. Assim como o liberalismo desenha padrões de sucesso e ideais a serem atingidos, modelos assimilados pelas pessoas como triunfais, bem como papéis adequados de destaque, tanto essas posições almejadas quanto a busca por elas exercem a força do biopoder sobre as pessoas. A submissão a padrões estéticos, de conduta, de consumo e dinâmicas exaustivas de trabalho seguem a premissa de um dia alcançar um determinado papel social e simbólico de sucesso. A obediência, como já esclarecida por Foucault, se ampara da promessa de sucesso econômico e ascensão por meio desses sacrifícios. Esclarecer para aqueles que já assimilaram os valores da biopolítica que não vai acontecer o que prega a ideologia, ou que é um sistema insustentável, é uma tarefa árdua, pois os mecanismos de subordinação não são facilmente visíveis ou identificáveis.

Somando-se a esses fatores, uma mudança complexa e de mesma faceta não facilmente observável no sistema de produção de bens de consumo, embora de extrema relevância, está o enfoque no valor do imaterial,[6] cuja importância cada vez mais se sobressai ao da produção em valor numérico.[7] Segundo André Gorz, é fundamental para a compreensão da economia moderna e composição técnica do capital entender

5. *Ibid.*, p. 293.
6. Imaterial: valor imaterial corresponde ao valor de troca, relacionado ao valor que não pode ser quantificável por itens ou quantidade de trabalho empregado, uma vez que diz respeito à construção de identidades, projeções de personalidade. Veja A. Gorz, *O Imaterial: Conhecimento, Valor e Capital*. São Paulo, Editora Annablume, 2005.
7. *Idem*.

o sistema de produção e a dimensão imaterial dos produtos. O valor dos bens de consumo na atual economia global está cada vez mais subordinado a fatores e bens imateriais, ou seja, não se relaciona a utilidade, valor de produção, números de produção, mas a uma construção identitária relacionada aos itens de consumo.

Tendo isso em vista, a análise da composição técnica do capital é fundamental para a compreensão dos mecanismos de condicionamento, uma vez que isse implica diretamente no entendimento da composição técnica dos sistemas de trabalho, determinando quem produz, o que produz e como produz na economia global atual.[8] A exploração do trabalho desenvolve uma nova faceta quando além de gerar riqueza através da força de produção do trabalho, também relaciona seus *produtos* com a identidade do trabalhador, incluindo uma dinâmica de exploração biopolítica do trabalho.

A junção da biopolítica com os valores imateriais de produção insere outra questão a ser analisada, uma vez que aborda um novo tipo de padrão na sociedade, naturalizando um arquétipo de características que os indivíduos devem ter relacionadas a ideais de valores pertencentes a essa nova dinâmica do capitalismo.[9] Essa análise se assemelha à perspectiva marxista de consumo fetichista,[10] somente em partes, pois os produtos da biopolítica excedem essa corrente de pensamento sobre a produção de bens materiais. A nova dinâmica de valoração transpõe a mensuração quantitativa econômica

8. A. Negri & M. Hardt, *Bem-estar comum*. Rio de Janeiro: Record, 2016.
9. *Idem*.
10. Fetichismo: é a percepção das relações sociais envolvidas na produção, não como relações entre as pessoas, mas como as relações econômicas entre o dinheiro e as *commodities* negociadas no mercado. Veja K. Marx, *O Capital*, livro 1, volume 1. São Paulo: Nova Cultural, 1988.

por sua característica de subjetividade, visto que o valor do imaterial está ligado a fatores de construção ideológica nos próprios atores inseridos nesse novo modelo de exploração.

O processo de acumulação capitalista se deve cada vez menos à exploração da força de trabalho e produção, é mais externa a esses processos e cada vez mais orgânica do ponto de vista do contexto biopolítico e imaterial, se utilizando de formas subjetivas de exploração, tornando menos visível a luta de classes, uma vez que constrói novos perfis de identidade a serem almejados pela classe trabalhadora.[11]

Para além de itens de consumo, identidade relacionada ao consumo, é criado um novo modelo de indivíduo na sociedade capitalista, uma espécie reformulada de *self made man*,[12] que não depende nem mesmo de salário, é um *empresário da sua força de trabalho* que providencia seu próprio status, através da sua formação, busca por conhecimento, empreendedorismo, chamado por André Gorz de *eu* S/A.

A interpretação de Gilles Deleuze (1992) sobre os novos mecanismos de poder indica que o indivíduo por mais que seja submetido a esses mecanismos, o cobiça, pois quer ter domínio daquilo que o controla, constrói sua identidade relacionada ao imaterial e deseja consumir o que o identifica dentro do âmbito social. O controle é feito por meio da normalização, da naturalização desses mecanismos de poder, ao passo que modela a existência de cada indivíduo e os proces-

11. A. Negri & M. Hardt, *Bem-estar comum*, *op. cit.*

12. *Self made man* é uma expressão americana, expressão máxima do capitalismo moderno, corresponde ao homem que conseguiu sucesso por si mesmo, por seus próprios esforços e sua própria dedicação, traduzindo para o português, seria aquele homem que *se fez*. Através dela é defendido o enriquecimento do homem moderno, e através dela se estrutura toda a sociedade atual. Veja J. W. Ward. Review of The Self-Made Man in America: The Myth of Rags to Riches. *Journal of American History*, v. 42, n. 2, 1954.

sos de subjetivação. A diminuição dos aparelhos repressivos de Estado, se deve ao aumento de direcionamento das vontades individuais para satisfazer os desejos e prazeres dos indivíduos.[13]

Para construir o poder disciplinar os indivíduos não são destruídos, mas sim fabricados. Segundo Foucault, o capitalismo não se sustentaria com base apenas na imposição e repressão. Os valores, o conhecimento, são produtores de individualidades que naturalizam o poder nas intenções e desejos dos indivíduos.

> A verdade é deste mundo; Ela é produzida nele graças às múltiplas coerções e nele produz efeitos regulamentados de poder. Cada sociedade tem seu regime de verdade, sua *política geral* de verdade.[14]

O poder disciplinar toma novo formato e estruturas no neoliberalismo. A legitimidade científica que sustenta a força do biopoder se transmuta em algo menos notável e mais poderoso justamente por esse motivo.

Para Deleuze, a submissão aos mecanismos disciplinares, ainda que fossem legitimados pela ciência, não se deu de maneira passiva ou pacífica, como diversos eventos históricos apontam e a exemplo da revolta da vacina no Brasil e as diversas manifestações e protestos contra leis de segregação racial nos Estados Unidos. Por esse motivo, fez-se a transmutação do biopoder para algo muito mais intrínseco do que a imposição respaldada pela legitimidade científica, ou seja, para algo dotado de *poderes* psicológicos de manipulação e assimilação. André Gorz aponta os valores imateriais dos produtos na lógica neoliberal de consumo capitalista, uma vez que os indivíduos criam identidades junto àquilo que con-

13. M. Foucault, *Microfísica do poder.* Rio de Janeiro: Graal, 1997.
14. *Ibid.*, p. 12.

somem, enquanto Deleuze destaca o mesmo acontecendo com os mecanismos de controle. A psicologia, assim como fora para a medicina, a história, entre outras ciências, passa a ter papel central na edificação das identidades submissas à lógica neoliberal.

Porquanto, o biopoder criou um padrão do que era *normal* e o que precisava ser enquadrado na *normalidade*, a psicologia social e a psiquiatria adquirem um novo papel de controle social que enquadra todos e seus diversos modos de existência. A pós-modernidade cria diferentes modos de existência, subjetividades singulares, e a diversidade de maneira geral, logo o controle pela maneira opressiva de padronização e enquadramento não faz mais sentido. Para Deleuze e Guattari (1972), os novos mecanismos de controle não operam mais na lógica binária de opressor/oprimido, mas agem de maneira quase invisível e molecular embrenhando-se no meio social. As patologias tomam o cotidiano de todos, o stress, a insônia, a depressão e os conflitos fazem parte da vida de todos e ao mesmo tempo que todos são *normais*, todos precisam do tratamento, o que torna a intervenção psicossocial difícil de ser notada e identificada.

É difícil identificar o ponto de incidência do poder a ser combatido, uma vez que esse é assimilado e dissipado no meio das interações e vida social, se esvanecendo entre as inúmeras experiências cotidianas.[15] A modulação é, portanto, esse mecanismo que sujeita os indivíduos sem necessariamente utilizar da sujeição física e normativa do corpo vistas no biopoder descrito por Foucault. O *panoptismo* é assimilado

15. C. Rauter & P. C. Peixoto, Psiquiatria, saúde mental e biopoder: vida, controle e modulação no contemporâneo. *Psicologia em Estudo*, Maringá, v. 14, n. 2, p. 267–275, abr.-jun. 2009.

pelos próprios indivíduos, de maneira que esses fazem seu autocontrole dentro das normas difundidas nas subjetividades.[16] O ideal de indivíduo bem-sucedido em uma sociedade produtiva é difundido por esses mecanismos e assimilado como projeto a ser alcançado ou se enquadrar dentro do mesmo, levando esse mecanismo de controle a níveis de sincronicidade com o modelo liberal que dispensa a vigilância. O sistema de produção capitalista passa a ser produtor de subjetividades por meio do que Deleuze e Guattari chamam de *axiomática do capital*.[17] A essa axiomática se confere a naturalização de lógicas capitalistas que não mais precisam ser impostas, pois são incontestáveis e o *caminho certo* para a obtenção de capital e construção das individualidades. A meta de se enquadrar de cada indivíduo é a própria vigilância.

O filósofo da tecnologia Yuk Hui trabalha as obras de Gilles Deleuze e Gilbert Simondon para explicar o processo de modulação e a transmutação da sociedade disciplinar para uma espécie de controle essencial, em que o indivíduo assimila o controle como parte da sua identidade. Segundo o autor, a sujeição dos corpos seria uma espécie de moldagem, em que se imprime forçosamente a correção. Já a modulação de Deleuze consiste na mudança da imposição para autorregulação dos indivíduos. É possível, portanto, observar a passagem para uma nova forma de operação que não mais consiste em restrição física e enclausuramento. É um controle não explícito que não se impõe com violência ou força nos indivíduos. Se a moldagem era um *entalhe* físico da

16. *Idem*.
17. Axiomática do Capital: o capitalismo não opera por códigos, mas por um sistema de codificação e sobrecodificação das condutas. Veja G. Deleuze & F. Guattari *apud* Domenico Uhng Hur. Da biopolítica à noopolítica: contribuições de Deleuze. *LUGAR COMUM*, n. 40, p. 201–215, ago. 2013.

forma humana no modelo de perfeição, a modulação transforma os indivíduos em um molde autodeformável que pode ser continuamente modificado de acordo com as demandas mercadológicas e sociais.[18] O controle por modulação, por não ser explicito, faz com que o indivíduo não enxergue a lógica capitalista que está seguindo e tome por verdade algo que não é real, como a autonomia do suposto autoempreendedorismo, em que a precarização do trabalho recebe uma *glamourização* neoliberal e um vendedor de hot-dog torna-se um microempresário e seu carrinho é transformado em um *food-truck*. O controle por modulação dá ao trabalhador uma suposta liberdade de gerenciar sua vida e seu tempo, que na realidade não existe.[19] Tanto no trabalho formal quanto no informal, a ideia de *trabalhe quando quiser*, horas flexíveis, mascaram trabalhos intermináveis daquele que deseja ser um vencedor nesse sistema, daqueles que "vestem a camisa" e saem da "zona de conforto". Uma recente analogia foi feita em um vídeo[20] do Youtube, em que uma *coach*, incentivadora do autoempreendedorismo relata como os judeus foram parar em campos de concentração por não saírem da tal zona de conforto. O vídeo foi imensamente criticado, com toda a razão, mas sem a devida crítica sobre o termo "zona de conforto", que até poderia ser relacionada com a subserviência, mas está presente na modulação e é inerente ao sistema neoliberal. Substituindo, é claro, o *trabalhe quando quiser* por *trabalhe o tempo todo*.

A análise de Simondon é acrescida e, muitas vezes, utilizada pelo próprio Deleuze para corroborar o processo opera-

18. Y. Hui, Modulation after Control. *New formations: a journal of culture/theory/politics*, vo. 84–85, p. 74–91, 2015.
19. *Idem*.
20. Disponível em *hedra.com.br/r/yH1*.

tivo da modulação. Se tornar, para os autores, não deveria ser diferente de ser, já que a modulação é um processo contínuo de construção e justamente moldável de individuação.[21] A modulação é uma moldagem definitiva, porém ajustável às mutáveis demandas do neoliberalismo.

Simondon[22] compara a modulação na psicologia social aos sistemas tecnológicos que originaram o termo. A modulação, para o autor, é tal qual um sistema de amplificação eletrônico, embora a definição de amplificação seja transportada para os sistemas sociais. Ainda que a falta de regulações rígidas ocasione uma aparente liberdade de ação, os movimentos são antecipados por sistemas regulatórios, e mesmo os atos livres são modulados de uma maneira quase autorregulatória.[23] Dentro desse sistema regulatório existem etapas que concentram os mecanismos de modulação, e consistem primeiramente em um reconhecimento e entendimento de padrões reproduzidos em um grupo social, posteriormente a esse reconhecimento e por meio desse, a antecipação de atividades é possibilitada. Ou seja, uma vez sumarizados os padrões de comportamento, é possível tê-los registrados e dessa forma antever a reação de um grupo ou sociedade. Por fim, a transferência dessa responsabilidade de autorregulação para os indivíduos inseridos nesse sistema, que consiste nos ideais de autoempreendedorismo, sucesso no neoliberalismo.[24]

A repercussão da modulação não atua somente por meio da amplificação modulativa descrita por Simondon, tampouco ecoa apenas por meio das redes, mas as etapas do processo de modulação citadas acima se reproduzem e traba-

21. Y. Hui, Modulation after Control, *op. cit.*
22. *Idem.*
23. *Idem.*
24. Savat *apud* Yuk Hui, *op. cit.*, p. 84.

lham suportadas por uma série de aparatos que o reconectam com sua origem tecnológica. Os padrões de reconhecimento e antecipação de atividades dos usuários são ferramentas de uma espécie de *behaviorismo de dados*, sendo seus instrumentos a digitização[25] que toma conta dos mais diversos tipos de instituições, tornando a operação de controle de dados por meio de algoritmos[26] uma das formas centrais para se obter informações por governos e demais estruturas sociais e governamentais.[27]

Assim, padrões de comportamento são desenhados, monitorados e registrados para serem utilizados na influência e interferência social. Esses dados coletados servem como mecanismo de fragmentação das subjetividades ou como destacado por Antoinette Rouvroy,[28] para processo de dessubjetificação, em que o objeto é fragmentado, não podendo, assim, manter uma identidade individual coerente. Esse processo é característico do modo neoliberal de ação e atinge em larga escala as interações sociais. Portanto o neoliberalismo utiliza desses mecanismos para produzir *hipersujeitos* capazes de encaminhar o projeto de indivíduo de sucesso, que busca e cria as próprias oportunidades, criador de si mesmo, apaixonado pela lógica neoliberal de autoempreendedorismo, autocontrole e autoavaliação. A modulação se expressa tanto

25. Digitização: transformação de processos, ferramentas, documentos e recursos para a forma digital da informática. Veja J. Larivière, Logic of digital worlds. Yuk Hui, on the existence of digital objects. *Parrhesia*, University of Minnesota Press, v. 27, p. 129–135, 2016.
26. Algoritmos: conjunto das regras e procedimentos lógicos perfeitamente definidos que levam à solução de um problema em um número finito de etapas. Veja T. H. Cormen *et al.*, *Introduction to Algorithms*. Cambridge: The MIT Press, 2009.
27. Yuk Hui, Modulation after Control, *op. cit.*
28. *Ibid.*, p. 85.

nos níveis de assimilação e autorregulação como nos mecanismos que garantem sua perpetuação, ou seja, indicando mudanças nos padrões sociais que permitem os novos ajustes e interpretações.

A lógica dos algoritmos, do calculável dentro da psicologia social, é uma maneira de dominar a mente através de valores numéricos e padrões. Tornar material aquilo que está interiorizado nos indivíduos, o invisível em visível através de números e resultados quantitativos. A partir disso se desenham projetos para administrar os indivíduos através de esquematizações, separação por aptidões e capacidades psicológicas. Sujeitar à mesma lógica capitalista, distribuir pessoas em diversos papéis sociais de acordo com a meritocracia,[29] dentro das mesmas distinções de classe e papéis disponíveis no mercado. É nesse espaço que entram as noções de liberdade individual, enquanto as práticas de enquadramento procuram silenciosamente moldar, transformar, classificar e reformar os indivíduos.[30]

Instrumentos como Facebook, entre outros *websites*, são capazes de armazenar dados sobre seus usuários além de coletar e mapear dados com uma finalidade específica. O *Machine learning*[31] é o método capaz de identificar, padronizar e fazer julgamentos de personalidade com base, por exem-

29. Meritocracia: consiste em um neologismo cunhado pelo sociólogo britânico Michael Young nos anos 1950. Estabelece uma ligação direta entre mérito e poder. Pode ser entendida como um princípio de justiça, às vezes qualificado como utópico; mas pode também ser considerada como um instrumento ideológico que permite legitimar a desigualdade dentro de um sistema político.

30. N. Rose, Psicologia como uma Ciência Social. *Psicologia & Sociedade*, Minas Gerais, v. 20, n. 2, p. 155–164, maio-ago. 2008.

31. *Machine Learning*: um *aprendizado de máquina* que consiste em reconhecimento de padrões de dados e informações, captados por computadores e utilizados em inteligência artificial. Veja M. Kosinski *et. al.*, Computer-based

plo, nas curtidas que uma publicação ou página receber no *Facebook.* Segundo os autores Kosinski, Stillwell e Youyou,[32] essas são as pegadas mais genéricas e facilmente rastreáveis da Internet, outras mais complexas e de maior capacidade para identificar e qualificar indivíduos são amplamente utilizadas. Outro exemplo mais complexo do *machine learning* são as redes de influência que um indivíduo pode ter de acordo com o número de amigos, curtidas de amigos em uma determinada postagem e compartilhamentos. Essas análises são utilizados de modo a descrever e traçar um perfil do usuário do *Facebook*, e servem como validação através desses amigos e seu nível de influência. Essas pegadas digitais são, segundo Matza, Navec, Kosinski e Stillwell,[33] amplamente utilizadas e capitalizadas, uma vez que traçam um perfil psicológico de seus usuários. O Facebook restringiu recentemente uma página que traçava perfis psicológicos de seus usuários, ainda que esses se submetessem aos testes voluntariamente, não possuíam consciência de como seus perfis estavam sendo utilizados. Contudo, o mesmo perfil pode ser traçado e capitalizado com as curtidas e os perfis de influência.

Curtir páginas e postagens com um perfil mais introvertido traça um perfil de introversão assim como um perfil de extroversão pode ser revelado de forma contrária, e essa informação pode ser útil a quem deseja estimular esses perfis a consumir algo ou seguir um padrão, usando abordagens apropriadas para cada perfil. É um método de modulação que permite abordagens diferentes traçando múltiplos perfis

personality judgments are more accurate than those made by humans. PNAS, v. 4, p. 1036–1040, jan. 2015.

32. *Idem.*

33. S. C. Matza *et. al.* Psychological targeting as an effective approach to digital mass persuasion. PNAS, v. 48, n. 114, p. 12714-12719, nov. 2017.

efetivando o uso da psicologia social em larga escala que convergem em um mesmo contexto de persuasão em massa.[34] Portanto, sendo possível classificar pessoas através de suas pegadas digitais, é igualmente possível manipulá-las através desse instrumento. É um algoritmo que certamente requer uma constante adaptação às mudanças nos padrões digitais para manter sua precisão, mas sem dúvida muito eficaz.

Matza, Navec, Kosinski e Stillwell[35] apontam ainda que o acesso a *websites* e testes do Facebook podem ser utilizados para inferir perfis psicológicos, dividir usuários em segmentos desenhando perfis de personalidade e mesmo de consumo. O autor ainda cita cinco traços mensuráveis por *websites*: abertura a experiências, consciência, extroversão, concordância ou agradabilidade e neuroticismo.

Esses perfis psicológicos podem ser muito úteis ao categorizar usuários de *websites*, de maneira que o controle atinge diretamente características pessoais dos indivíduos e ajudam a criar elos de identidade com o mecanismo de modulação. Se for possível se reconhecer no mecanismo, mais fácil é a assimilação desses pelos indivíduos.

A perfilação assume características ainda mais preocupantes quando utiliza recursos de fisionomia para a sua categorização. Um estudo que já foi muito utilizado em criminologia para *prevenção* de possíveis condutas criminosas, hoje é considerado quase como superstição e até mesmo racismo. Contudo, Kosinski e Wang apontam para recentes progressos em inteligência artificial e visão computadorizada que estão sendo direcionadas para a adoção de *Deep Neural Networks*[36]

34. *Idem.*
35. *Idem.*
36. Redes neurais profundas. Tradução do texto de Kosinski & Wang, Deep neural networks are more accurate than humans at detecting sexual orien-

ou DNN. As DNN, são como um grande cérebro capaz de criar e estabelecer padrões de reconhecimento por meio de imagens. Superam de longe o reconhecimento humano podendo detectar expressões faciais, padronizar e classificar características, podendo até mesmo detectar câncer de pele.

Uma discussão recente nos jornais[37] abordou o tema com preocupação, posto que. o Metrô de São Paulo foi criticado por captar expressões faciais para direcionar a publicidade veiculada no trem de acordo com o perfil dos passageiros. Uma ação civil pública cobra que o metrô encerre a coleta e armazenamento de dados dos usuários. Todavia, para Kosinski e Wang,[38] a questão vai além e suas pesquisas revelam ser possível identificar características que podem tornar seus detentores alvos de perseguição e estigmatização. A pesquisa concluiu ser possível identificar através de traços faciais orientação sexual de homens e mulheres. Segundo o autor, não se trata de estereotipar os pesquisados, mas de encontrar elementos que caracterizam a homossexualidade como genética e que podem estar em características físicas, como um queixo mais delicado para homens.

Essa tipificação algorítmica guarda um perigo imenso para os homossexuais, uma vez que governos já utilizam ferramentas faciais de coleta de informações para fazer previsões. É um perigo para todos os indivíduos que podem cair em uma categorização e serem destinados a perfis constantemente atingidos por perseguições, abusos físicos e psicológicos de

tation from facial images. *Journal of Personality and Social Psychology*, v. 114, n. 2, p. 246–257, fev. 2018.

37. Disponível em *hedra.com.br/r/XGo*.

38. Deep neural networks are more accurate than humans at detecting sexual orientation from facial images, *op. cit.*

todo tipo. Kosinski e Wang[39] destacam que o exemplo dos homossexuais pode ser novamente direcionado a toda uma tipificação fenotípica marginalizadora e que mesmo perfis de criminosos, pedófilos e terroristas estão sendo traçados.

A eficácia dessa perfilação tem um caráter perigoso justamente por cada vez mais categorizar as pessoas, padronizá-las e apresentar características de infalibilidade. Os perfis categorizados são todos moduláveis e a modulação de difícil percepção por aqueles que estão inseridos nessa dinâmica. A contestação dos sistemas de controle é cada vez mais rara visto que, de uma maneira ou de outra, os indivíduos se identificam e são partes desse sistema. Se autorregulam e objetivam ser um modelo de sucesso pessoal e poder dentro dessa dinâmica. O sucesso de um e o fracasso do outro é previsto e é justamente essa inferiorização que move os indivíduos em busca de resultados, sendo o sujeito da modulação vítima e amplificador de seus mecanismos.

BIBLIOGRAFIA

BACHRACH, Yoram *et al.* Manifestations of user personality in website choice and behaviour on online social networks. *Machine Learning*, v. 95, p. 357–380, 2014.

CORMEN, Thomas H. *et al. Introduction to Algorithms.* 3 ed. Cambridge: The MIT Press, 2009.

DELEUZE, Gilles. *Conversações.* Trad. Peter Pál Pelbart. São Paulo: Ed. 34, 1990.

______. Postscript on the society of control. *The MIT Press*, v. 59, p. 3–7, out. 1992.

______ & GUATTARI, Félix. *Mil platôs: capitalismo e esquizofrenia, v. 5.* São Paulo: Ed. 34, 1997.

______. *O Anti-Édipo.* São Paulo: Ed. 34, 2010.

39. *Idem.*

FOUCAULT, Michel. *Arqueologia do saber.* Rio de Janeiro: Forense, 2008.

______. *Em defesa da sociedade.* São Paulo: Martins Fontes, 1999.

______. *Microfísica do poder.* 11ª ed. Rio de Janeiro: Graal, 1997.

______. *O nascimento da biopolítica.* São Paulo: Martins Fontes, 2008.

GORZ, André. *O Imaterial: conhecimento, valor e capital.* São Paulo: Editora Annablume, 2005.

HUI, Yuk. Modulation after Control. *New formations: a journal of culture/theory/politics*, vo. 84–85, p. 74–91, 2015.

KOSINSKI, Michal; STILLWELL, David; YOUYOU, Wu. Computer-based personality judgments are more accurate than those made by humans. PNAS, v. 4, p. 1036–1040, jan. 2015.

______ & WANG, Yilun. Deep neural networks are more accurate than humans at detecting sexual orientation from facial images. *Journal of Personality and Social Psychology*, v. 114, n. 2, p. 246–257, fev. 2018.

LARIVIÈRE, Jason. Logic of digital worlds. Yuk Hui, on the existence of digital objects. *Parrhesia*, University of Minnesota Press, v. 27, p. 129–135, 2016.

MATZA, S. C. *et al.* Psychological targeting as an effective approach to digital mass persuasion. PNAS, v. 48, n. 114, p. 12714-12719, nov. 2017.

MARX, Karl. *O Capital.* Livro I, v. I. São Paulo: Nova Cultural, 1988.

NEGRI, Antonio; HARDT, Michael. *Bem-estar comum.* Rio de Janeiro: Record, 2016.

RAUTER, Cristina; DE CASTRO PEIXOTO, Paulo de Tarso. Psiquiatria, saúde mental e biopoder: vida, controle e modulação no contemporâneo. *Psicologia em Estudo*, Maringá, v. 14, n. 2, p. 267–275, abr.-jun. 2009.

ROSE, Nikolas. Psicologia como uma Ciência Social. *Psicologia & Sociedade*, Minas Gerais, v. 20, n. 2, p. 155–164, maio-ago. 2008.

SIMONDON, Gilbert. *L'individuation à la lumière des notion de forme et d'information.* Paris: Editions Jérôme Millon, 2005, p. 91.

TRAVERSO-YÉPEZ, Martha. Os discursos e a dimensão simbólica: uma forma de abordagem à Psicologia Social. *Estudos de Psicologia*, Rio Grande do Norte, v. 4, n. 1, p. 39–59, 1999.

TRINDADE, Hélgio (org.). *O Positivismo: teoria e prática.* 3ª ed. Porto Alegre: UFRGS, 2007.

UHNG HUR, Domenico. Da biopolítica à noopolítica: contribuições de Deleuze. *LUGAR COMUM*, n. 40, p. 201–215, ago. 2013.

WARD, John William. Review of The Self-Made Man in America: The Myth of Rags to Riches. *Journal of American History*, v. 42, n. 2, 1954.

Existe resistência nas sociedades de controle?

A reação social diante da apropriação da rede pela lógica do capital

MARIELLA BATARRA MIAN[1]

A sociedade é constituída, fundamentalmente, pela constante interação entre os indivíduos em entidades por eles formadas, dentre as quais: familiares, políticas, educacionais, legislativas, religiosas, de trabalho, culturais, ambientais, econômicas, e outras. Essa indissociável convivência entre atores é o pressuposto da condição social e é tangenciada por intrínsecas relações de poder, sejam aquelas hierarquicamente formalizadas – chefes de Estado *versus* população, empregadores *versus* empregados, líderes religiosos *versus* seguidores religiosos etc. – às violentamente explicitadas, como quando há abusos por parte de instituições oficiais de segurança e em regimes ditatoriais, com a naturalização de situações com tortura humana. Ou, ainda, aquelas relações em que o poder está simbolicamente estabelecido,[2] geralmente invisível, guardado nas entrelinhas, por meio de discursos

1. Graduada em Comunicação Social – Habilitação em Relações Públicas – pela Unesp, Especialista em Gestão de Marketing pela FAAP, Mestre em Ciências Humanas e Sociais pela UFABC. Atualmente, cursa doutorado em Ciências Humanas e Sociais Na UFABC. Pesquisa cibercultura e tecnopolítica.
2. P. Bourdieu, *O poder simbólico*. Rio de Janeiro: Bertrand Brasil, 1989.

e violências psicológicas. Este tipo de poder é comumente destacado na contemporaneidade ao tratar-se de temas como machismo, homofobia, racismo etc.

O componente inseparável deste poder, tão evidenciado nas relações sociais, é exatamente o seu legítimo contraponto: a resistência. Trata-se de um vínculo dialético, quase que interdependente. A resistência, em suas formas mais tradicionalmente reconhecidas – como são as grandes revoluções da história humana –, apresenta-se como o combustível para mudanças de paradigmas na sociedade.

Contudo, além dessas formas mais enfáticas e notáveis de resistência, este contrapoder é exercido mais comumente em suas formas mais brandas. Ainda que não sejam tão explícitas nas relações sociais, essas denominadas formas de resistências cotidianas[3] exercem importantes formas de oposição e de reação aos mais diversos e corriqueiros tipos de poder que permeiam a sociedade. Dentre outros exemplos, pequenas ações de desobediência em contextos de trabalho podem ser retratadas como típicos exemplos dessa resistência cotidiana.

De modo geral, é a partir do prevalecimento dos interesses de determinados entes sociais, em detrimento do interesse de outros, que emergem os mais diversos tipos de ações de resistência, como propulsoras do antagonismo ao poder.

No contexto contemporâneo, permeado pelas tecnologias de informação e comunicação (TICS), a sociedade vem lidando com inúmeras transformações. Com a chegada da Internet ocorreram mudanças expressivas nos meios de interação social, principalmente a partir da década de 1990, quando esse

3. J. Scott, Formas cotidianas da resistência camponesa. *Raízes*, v. 21, n. 01, jan-jun. 2002.

fenômeno transcendeu seus objetivos militares e começou a ser incorporado pela sociedade como um todo.

Essa realidade informacional impulsionou a forma de articulação dos indivíduos e ampliou a capacidade dos usuários em utilizarem as redes sociais *online*, como forma de expressar livremente suas ideias, e de se aproximarem ativamente de questões globais de âmbitos políticos, econômicos, culturais, sociais e ambientais.

Entretanto, como era de se esperar, a lógica do capital desvendou a dinâmica das redes *online* e vem se apropriando com destreza dessa ferramenta. As consequências já são notáveis: pela incessante coleta de dados pessoais dos usuários, a privacidade tem se tornado algo raro aos indivíduos da contemporaneidade, trata-se das denominadas sociedades de controle.[4] Diante dessa realidade, a proposta deste trabalho é compreender quais seriam as possíveis ações de resistência dos indivíduos que buscam contrapor esta nova forma de poder e controle social. Para tanto, será apresentada, a seguir, a concepção da sociedade informacional e de controle da contemporaneidade, em seguida, serão abordados os conceitos sobre as formas de resistência social, e, finalmente, serão postas as reflexões sobre possíveis ações de resistência engendradas no contexto atual.

SOCIEDADE INFORMACIONAL E DE CONTROLE

Ainda que a exclusão digital seja assunto de extrema relevância, principalmente sob a ótica dos direitos humanos, é evidente que a Internet assumiu um papel protagonista na

4. G. Deleuze, *Conversações*. São Paulo: Ed. 34, 1990.

sociedade contemporânea. Sua exponencial abrangência, em nível global, trouxe uma valorização das relações entre pessoas-pessoas e pessoas-máquinas.

Um dos principais teóricos que se debruça a compreender a dinâmica dessa realidade é o sociólogo catalão Manuel Castells. Já, em 1999, ele cunha o termo *sociedade informacional*, baseando-se na fusão dos significados referentes às expressões *sociedade da informação*, a qual está relacionada à ideia da inovação tecnológica, e *sociedade do conhecimento*, que adiciona uma dimensão de transformação social, cultural, econômica e política.

Ainda no final da década de 1990, o pesquisador relacionou a dinâmica social operada pelas redes *online* a um novo modelo de capitalismo, em que as TICS seriam responsáveis por reconfigurar o sistema produtivo no denominado *capitalismo informacional*.[5]

A interação entre os indivíduos e esse espaço virtual informacional engendra a cultura da recombinação de conteúdos, a cibercultura, e reforça a clássica teoria social de Marcel Mauss (2003) sobre a *dádiva*, em que a ininterrupta e concomitante relação de troca estabelecida entre os atores sociais – o dar, o receber e o retribuir – é evidenciada como o fato social total. Trata-se de um princípio universal da sociedade: a reciprocidade. Ou seja, muito antes da chegada da Internet, a troca de saberes, de sentimentos, de cultura e de matéria entre os indivíduos já era reconhecida como algo inerente à construção social.

No contexto contemporâneo, Wellman, Côte e Plickert (2006) reforçam esse princípio da troca como indissociável da natureza da cibercultura, é o cerne do que o compartilha-

5. M. Castells, *A sociedade em rede*. São Paulo: Paz e Terra, 1999.

mento em rede representa. Em outras palavras, a reciprocidade traduz essencialmente o que é a sociedade informacional. Rainie e Wellman enfatizam que:

> Trocas recíprocas de informação e de interação social é regra entre aqueles que utilizam as TICs (Tecnologias de informação e comunicação). Ao mesmo tempo em que criam conteúdos, os usuários estão frequente e intimamente envolvidos em negociar com seus pares por meio dessa norma social.[6]

Os pontos apresentados até o momento demonstram como as redes *online* reconfiguraram a dinâmica da sociedade, transformando a forma de organização social contemporânea. Torna-se relevante, a partir deste ponto, problematizar outras complexas questões e incongruências relacionadas à Internet, sociedade, democracia, direitos humanos, poder e controle.

A arquitetura das redes *online* segue uma lógica horizontal e está em permanente alteração por intermédio das interações ininterruptas e constante troca de informações entre os atores nelas conectados. Essa estrutura, amparada por uma série de aportes tecnológicos, emerge na contemporaneidade, como uma ferramenta com grande potencial, para favorecer os processos democráticos, amplificar as vozes dos indivíduos e permitir novos desenhos participativos na arena política.[7]

Contudo, mesmo que na Internet prevaleça essa lógica de liberdade, deve-se ter em mente que a rede mundial de computadores está inserida na sociedade e faz parte de um

6. *Networked: The new social operating system*. Cambridge: The MIT Press, 2012, p. 218. (trad. nossa.)
7. R. de P. A. Araújo *et. al.*, Democracia digital e experiência de e-participação: webativismo e políticas públicas. *História, Ciências, Saúde*, Manguinhos, v. 22, p. 1597–1619, dez. 2015.

contexto social hierarquizado, regulado em muitos (ou em todos) aspectos por poderes do Estado, da Igreja, do Mercado, organizações etc. Dessa forma, essa ideia de que a Internet atua paralelamente ao controle de tais instituições é utópica. Assim, "a linguagem básica da sociedade da informação pode ser privada ou pública, fechada ou aberta, hierarquicamente construída ou compartilhada, obscura ou transparente, enfim, democrática ou autoritária".[8]

O conceito de *poder nas redes*, elucidado pelo teórico Manuel Castells, busca definir os processos concretos de exercício de poder na rede. Para o sociólogo catalão, o poder refere-se à capacidade relacional que permite que determinada entidade influencie, de maneira assimétrica, as decisões de outros atores sociais, de modo que sejam favorecidas a vontade, interesses e valores deste ente detentor do poder. Para o teórico catalão, uma das formas de se exercer o poder e controlar o outro na Internet ocorre por meio da "capacidade de estabelecer redes e de programar/reprogramar redes de acordo com os objetivos que lhes são atribuídos".[9]

Para compreender a dinâmica do exercício do poder nas redes *online*, torna-se relevante visitar a teoria denominada *ator-rede*, de Bruno Latour.[10] Essa perspectiva teórica compreende a sociedade como rede heterogênea formada por entes humanos e não humanos (materiais), por ideias e conceitos.

8. S. A. da Silveira, *A mobilização colaborativa e a teoria da propriedade do bem intangível*. Tese (Doutorado em Ciências Políticas) – Universidade de São Paulo, São Paulo, 2005, p. 13.
9. M. Castells, *Comunicación y poder*. Barcelona: Alianza Editorial, 2009, p. 76.
10. Networks, societies, spheres: Reflections of an actor-network theorist. *International Seminar On Network Theory: Network Multidimensionality In The Digital Age*, Los Angeles, fev. 2010.
11. Wikimedia, 2018.

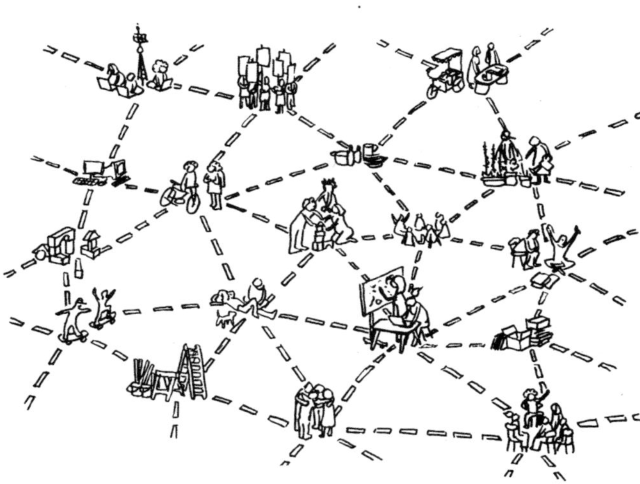

Ilustração baseada na teoria do ator-rede de Bruno Latour.[11]

A figura demonstra a organização em rede considerando a teoria de Latour.[12] Nela, é possível observar a diversidade de entes que constituem a rede. São os chamados *actantes*, que, ao mesmo tempo em que assumem identidades singulares na rede, são dependentes das inter-relações que estabelecem entre si para garantir sua existência na rede.

A perspectiva teórica de Latour também traz um diálogo com a já mencionada Teoria da Dádiva de Marcel Mauss,[13] ao considerar que, além dos elos entre os próprios atores sociais, a sociedade é constituída, também, por elos estabelecidos entre indivíduos, coisas e simbolismos.

12. *Idem*.
13. *Sociologia e antropologia*. São Paulo: Cosac&Naify, 2003.

Para exemplificar a operação do poder na rede, Castells dialoga com a teoria elucidada por Bruno Latour:

> [...] Sugiro que, em muitos casos, aqueles que detêm o poder são, também, rede. Não redes abstratas ou inconscientes e nem mecânica: são seres humanos organizados em torno de seus projetos e interesses. Mas eles não são elementos isolados (indivíduos, grupos, classes, líderes religiosos ou políticos), já que o exercício do poder na sociedade em rede requer um complexo grupo de ação conjunta que transcende as alianças para se tornar uma nova forma de sujeito, semelhante ao que Bruno Latour descreveu brilhantemente como *ator-rede*.[14]

No contexto da sociedade contemporânea, intermediada pelas TICS, esse poder de controlar a rede tem sido amplamente apropriado por aqueles que tradicionalmente detêm o domínio na sociedade. Grosso modo, pode-se dizer que a força do capital desvendou as nuances dessa rede horizontal, favorável à democracia, e vêm demonstrando indiscutível habilidade em se apossar de sua lógica para fortalecer sua estrutura vertical e desagregadora. A rede foi cooptada pelos donos do capital, apropriada pela grande indústria infocomunicacional e é articulada por agências de *marketing*.

A conjuntura social vigente foi definida por Deleuze[15] como *sociedades de controle*. Trata-se de um momento em que as formas disciplinares, pautadas pela introjeção do medo à punição e consequente submissão dos comportamentos,[16] vêm sendo superadas gradativamente pelos controles cibernéticos. Estes controles são exercidos, essencialmente, por meio dos inúmeros aparatos tecnológicos que cercam a vida

14. M. Castells*Comunicación y poder*, *Op. cit.*, p. 76. (trad. nossa.)
15. *Conversações*, *op. cit.*
16. M. Foucault, *Vigiar e punir*. Rio de Janeiro: Editora Vozes, 2004.

cotidiana dos indivíduos da atualidade, especialmente os *smartphones*. De acordo com Silveira, os controles cibernéticos: "acompanham as pessoas em suas trajetórias, dão a sensação de conforto, são eficazes na solução de problemas, melhoram as experiências e não geram medo, mas sim, afeto".[17]

Para o teórico Maurizio Lazzarato,[18] as sociedades de controle caracterizam-se pela multiplicação da oferta de *mundos* aos indivíduos. Nesse sentido, o pesquisador considera as *máquinas de expressão* e as potentes ações de *marketing* como principais responsáveis por essa criação e propagação de mundos na sociedade.

Essa ideia de acesso a múltiplas realidades traz a sensação de liberdade às pessoas. Trata-se, no entanto, de uma ilusão, visto que os seres humanos estão limitados a se encaixar em mundos criados pelo próprio sistema capitalista e não há possibilidades de criar mundos próprios.

Nesta realidade, o conceito de modulação é potencializado. Não se trata mais de manipular opiniões dos indivíduos. O perfil de cada pessoa é minuciosamente traçado para que os comportamentos humanos ocorram com propósitos de consumo sistematizados.

> Os processos de modulação não são meramente de distribuição de publicidade, eles implicam a construção de situações sociais, de interações específicas, criando ambientes completamente distintos daqueles em que a propaganda é realizada nos intervalos dos espetáculos ou eventos esportivos televisionados. As tecnologias de modulação permitem agir de modo eficaz sobre nossa atenção por

17. S. A. da S.. *Tudo sobre tod@s: Redes digitais, privacidade e venda de dados pessoais*. São Paulo: Edições Sesc, 2017, p. 161.
18. *As revoluções do capitalismo*. Rio de Janeiro: Civilização Brasileira, 2006.

serem quase sempre baseadas em nossa subjetividade revelada e em nosso potencial afetivo.[19]

Um dos pontos mais críticos em relação a essa operação do poder nas redes *online* refere-se à ininterrupta e colossal coleta de dados pessoais. Sob a prerrogativa de entreter e facilitar o cotidiano dos usuários das redes, por meio da infinita oferta de serviços e das inúmeras possibilidades de interação, via redes *online* e via aplicativos em dispositivos móveis, as grandes corporações e agências de *marketing* vêm atuando com afinco nesse mercado, que representa e já evidência riscos explícitos a direitos humanos fundamentais: a privacidade e o anonimato. Nas palavras do sociólogo Sérgio Amadeu da Silveira:

> O direito à privacidade, além de ser essencial para as democracias, uma vez que assegura a comunicação e as articulações dos frágeis diante dos vários grupos de poder, adquiriu uma dimensão econômica no cenário informacional qualitativamente distinta da existente no mundo industrial. Os dados pessoais e aqueles que permitem identificar uma pessoa devem ser considerados parte da identidade pessoal. Portanto, seu uso exige autorização, o seu tratamento econômico exige negociação.[20]

As eleições de 2016, nos Estados Unidos, e as recentes polêmicas[21] envolvendo a venda de dados dos usuários da maior plataforma de relacionamento *online*, Facebook, para a empresa britânica de *marketing* político, *Cambridge Analytica*,[22]

19. S. A. da Silvera, *Tudo sobre tod@s*, *op. cit.*, p. 150–151.
20. *Ibid.*, p. 171–172.
21. Diversas notícias foram repercutidas na mídia. O veículo *El País* elaborou uma página na Internet com uma série de reportagens relacionada a essa temática.
22. Empresa utiliza tecnologia baseada em microsegmentação de dados, para avaliar a personalidade das pessoas a partir das pegadas digitais e promover campanhas de *marketing* político.

evidenciaram ainda mais o negligente esquema do mercado de dados pessoais e escancaram a fragilidade da privacidade dos indivíduos.

Diante do exposto neste tópico, é possível compreender que a dinâmica de operação da sociedade informacional, permeada pelas redes *online*, também é constituída por relações de poder e resistência que perduram na história da humanidade. Observa-se que, ainda que a Internet seja uma tecnologia com potencial libertário e democrático, na mesma medida, ela também pode estar a serviço do controle oculto e, portanto, mais invasivo aos indivíduos.

A partir deste retrato da realidade, surge um instigante questionamento acerca das possíveis reações partindo desses cidadãos – controlados e modulados – em relação a essa nova forma de operação do poder. Enquanto nas sociedades disciplinares os dominadores eram identificáveis e o embate dos dominados era direcionado com especificidade, nas sociedades de controle o poder está dissolvido e adocicado. Trazendo uma relação com as proposições de Bauman[23] sobre os tempos atuais, é possível assumir que, na contemporaneidade, o alvo é líquido. Assim, faz-se necessária uma reflexão acerca das possíveis ações de resistência que contrapõem essa liquidez do poder na conjuntura contemporânea.

RESISTÊNCIA, O PRESSUPOSTO DO PODER

De acordo com as proposições já apontadas neste texto, compreende-se que a sociedade é permeada pelas relações de poder. Nesse sentido, torna-se essencial discorrer sobre o pressuposto fundamental existente nessas relações: a resistência.

23. *Modernidade líquida*. Rio de Janeiro: Zahar, 2001.

Nas palavras de Foucault: "lá onde há poder há resistência e, no entanto (ou melhor, por isso mesmo) esta nunca se encontra em posição de exterioridade em relação ao poder".[24]

No âmbito das ciências sociais, o termo *resistência* permite diferentes formas de compreensão. Considerando o viés mais amplamente difundido e reconhecido, a resistência social carrega um sentido enfático e com práticas evidentes de antagonismo ao sistema vigente. São ações com grande repercussão, como as revoluções, que legitimam transformações e rupturas históricas. Os movimentos sociais são representações explícitas de enfrentamento ao poder.

No decorrer da história ocorreram diversos movimentos sociais que delinearam os caminhos da humanidade. Para Maria da Glória Gohn, esses movimentos sociais sempre existiram e sempre existirão. A teórica acredita que essas ações coletivas "são o coração, o pulsar da sociedade. Eles expressam energias de resistência ao velho que oprime ou de construção do novo que liberte".[25]

Para o sociólogo Manuel Castells, as ações de resistência são as mais importantes e eficazes maneiras de construção da identidade[26] social. O sociólogo acredita que os movimentos sociais são "ações coletivas com um determinado propósito cujo resultado, tanto em caso de sucesso como de fracasso, transforma os valores e instituições da sociedade".[27]

Contudo, sem desconsiderar a relevância dessas formas de resistência que geralmente possuem caráter institucio-

24. M. Foucault, *História da sexualidade I: a vontade de saber*. Rio de Janeiro: Edições Graal, 2001, p. 91.
25. M. da G. Gohn, Movimentos sociais na contemporaneidade. *Revista Brasileira de Educação*, v. 16, n. 47, maio-ago. 2011, p. 336.
26. O conceito de *identidade* considerado pelo autor refere-se à "fonte de significado e experiência de um povo".
27. M. Castells, *A sociedade em rede*, *op. cit.*, p. 20.

nalizado, coletivo e político-partidário, há outras formas de manifestação da resistência social, inclusive, mais corriqueiras do que aquelas formalizadas.

Os esforços empíricos e teóricos do pesquisador James Scott, que se aprofundou em estudos sobre a vida camponesa, trazem importantes reflexões sobre o que ele denomina como *formas cotidianas de resistência*. Sobre as elucidações do teórico, Menezes afirma que: "Scott entende que, na maioria das vezes, a resistência às relações de dominação expressa-se em práticas cotidianas e discursos difusos, fragmentados, que orientam as interações cotidianas entre dominantes e dominados."[28]

Assim, considerando esse viés apresentado por Scott, é possível compreender que as formas de resistência podem ser manifestadas de diversas formas pelos indivíduos. Nas palavras do próprio pesquisador:

> Aqui tenho em mente as armas comuns dos grupos relativamente sem poder: fazer *corpo mole*, a dissimulação, a submissão falsa, os saques, os incêndios premeditados, a ignorância fingida, a fofoca, a sabotagem e outras armas dessa natureza. Essas formas brechtianas de luta de classe têm certas características em comum: requerem pouca ou nenhuma coordenação ou planejamento; sempre representam uma forma de auto-ajuda individual; evitam, geralmente, qualquer confrontação simbólica com a autoridade ou com as normas de uma elite.[29]

28. M. A. de Menezes. O cotidiano camponês e a sua importância enquanto resistência à dominação: a contribuição de James C. Scott. *Raízes*, v. 21, n. 1, jan-jun. 2002, p. 33.
29. J. Scott, Formas cotidianas da resistência camponesa. *Raízes*, *op. cit.*, p. 11–12.

Outra proposição de Scott, analisada por Menezes,[30] expõe que o teórico discorda da separação entre *resistência real* e *resistência incidental* e considera como formas de resistências, igualmente relevantes à sociedade, tanto as práticas cotidianas, quanto as dos movimentos sociais, estando até mesmo relacionadas em determinados contextos. Entretanto, somente em caráter de classificação, Scott propõe a distinção conceitual entre essas formas de resistência:

> Resistência real, se argumenta, é organizada, sistemática e cooperativa; guiada por princípios e não egoísta; tem consequências revolucionárias e/ou incorpora ideias ou intenções que negam as bases da dominação em si mesmas. Atividades incidentais ou epifenomênicas, por contraste, são desorganizadas, não sistemáticas e individuais; oportunistas e de autossatisfação; não têm consequências revolucionárias e/ou implicam na sua intenção ou significado, uma acomodação com o sistema de dominação.[31]

As abordagens sobre essas formas cotidianas de resistência revelam algumas reflexões interessantes. No que tange suas formas de atuação, nem sempre são identificáveis. Muitas vezes estão presentes em discursos ocultos ou em sutis ações de desobediência. E justamente por não representarem o contrapoder com nitidez, como fazem os movimentos sociais, por exemplo, recaem alguns questionamentos sobre essas ações cotidianas, que contestam sua capacidade de transformação do contexto social e polemizam, inclusive, o uso do termo *resistência* para caracterizá-las. Uma problematização interessante refere-se a uma provável ambiguidade abarcada na conceituação. Nesse sentido, Menezes reflete que:

30. O cotidiano camponês e a sua importância enquanto resistência à dominação, *op. cit.*, p. 33.
31. *Idem.*

> É inegável que a análise destas práticas [de resistências cotidianas] abre perspectivas de compreender a política de grupos subalternos para além da noção de hegemonia ou de conformismo e passividade. Mas, muitas vezes, elas apenas amenizam a indignação a que indivíduos e grupos estão submetidos, não alterando, substancialmente, as relações de dominação. Assim, há o perigo de romantizar a resistência cotidiana, esquecendo-se de que ela também contribui para a reprodução das relações de dominação.[32]

Contudo, ainda que o conceito possibilite problematizações, ele abarca uma importante perspectiva acerca das relações de poder que permeiam a sociedade. Trata-se de uma definição que necessita transcender o campo teórico e partir substancialmente para o campo prático de análise.[33]

A grande contribuição trazida por Scott, ao analisar as formas de resistências cotidianas, revela-se na premissa de sempre considerar a capacidade de agência dos atores sociais. Ou seja, para o teórico, mesmo que estejam vivendo situações extremas de controle social, os seres humanos não perdem seu potencial em delinear as formas de enfrentamento, ainda que essa resistência exerça-se por meio de pequenas atitudes que se confundem, inclusive, com certa passividade.

Diante do exposto acerca desse pressuposto que permeia as relações sociais de poder, qual seja a resistência, serão problematizados, a seguir, os apontamentos quanto às prováveis formas de contrapoder assumidas pelos atores inseridos nessa sociedade informacional e de controle.

32. *Ibid.*, p. 43.
33. *Idem.*

As peculiaridades da sociedade contemporânea, informacional e de controle, trouxeram novas reflexões sobre as ações de resistência social. O final da primeira década deste século foi marcado por uma mudança no modo de organização dos movimentos sociais. Essa típica forma de resistência da contemporaneidade foi denominada *ciberativismo*[34] e evidenciou a capacidade da rede em engajar indivíduos em prol de causas públicas e políticas.

O teórico Manuel Castells, em sua obra *Redes de Indignação e Esperança*, explicita as principais características dos movimentos sociais articulados pela rede e aponta os fatores que os diferenciam dos movimentos tradicionais. Para o teórico:

> Os movimentos sociais em rede de nossa época são amplamente fundamentados na Internet, que é um componente necessário, embora não suficiente, da ação coletiva. As redes sociais digitais baseadas na Internet e nas plataformas sem fio são ferramentas decisivas para mobilizar, organizar, deliberar, coordenar e decidir. Mas o papel da Internet ultrapassa a instrumentalidade: ele cria as condições para uma forma de prática comum que permite a um movimento sem liderança sobreviver, deliberar, coordenar e expandir-se.[35]

Diante do contexto em que estavam inseridos é natural que Ugarte (2008) e Castells (2013), reconhecendo o potencial inerente das redes, tenham expostos com mais confiança seus pontos de vista sobre a participação e mobilização cidadã nessa "esfera pública interconectada".[36]

34. D. Ugarte, *O poder das redes*. Porto Alegre: PUC-RS, 2008.
35. M. Castells, *Redes de indignação e de esperança: movimentos sociais na era da Internet*. Rio de Janeiro: Zahar, 2013, p. 478.
36. Y. Benkler, *The Wealth of Networks: How Social Production Transforms Markets And Freedom*. New Haven: Yale University, 2006.

Ademais, é importante considerar que a Internet já foi palco para a concretização de representativos movimentos sociais que movimentaram estruturas de poderes verticais consolidados ao redor do mundo. É o caso da Primavera Árabe, Occupy Wall Street, 15 M e, no contexto brasileiro, os movimentos de Junho de 2013.[37] Quanto à caracterização, as referidas formas de resistência em rede, mesmo que evidenciem grandes diferenças de formulação em relação aos movimentos sociais tradicionais (aqueles iniciados no ambiente *offline*), também se caracterizam por serem ações mais estruturadas de contrapoder.

Esse ciberativismo amplia a voz de muitos atores sociais e pode ser considerado uma das formas de exercício do contrapoder na sociedade contemporânea. Contudo, após a lógica da Internet ter sido compreendida e, principalmente, cooptada pelo capital, essa forma de resistência vem reduzindo seu potencial de impacto junto às estruturas de poder.

Os movimentos sociais articulados em rede ainda existem, e a lógica da Internet ainda é um importante subsídio para a organização de suas ações, contudo, o caráter espontâneo dessas mobilizações – que nos movimentos acima citados foi o principal provocador e desestabilizador do sistema – não possui força para driblar a lógica vertical do poder.

Como já explicitado, o poder de controlar as redes, por meio da coleta de dados pessoais e da venda de perfis de usuários para fins de publicidade, é a prerrogativa de atuação das grandes corporações do mundo, as chamadas organizações de infocomunicação. Dentre as principais, destacam-se: Goo-

37. M. B. Mian & G. P. Zotelli, Gabriel Perrenoud. Ações coletivas na era da Internet: A legitimação dos movimentos articulados pela rede. Trabalho apresentado no GT 4, Ciberpolítica e Cibercultura do Seminário FESPSP *Cidades conectadas: os desafios sociais na era das redes*, 2016.

gle, Apple e Facebook. Portanto, é praticamente inevitável, a qualquer usuário comum de Internet, utilizar a rede sem se conectar a plataformas que não estejam vinculadas a pelo menos uma dessas três corporações.

A hiperconectividade do mundo torna-se, portanto, diretamente proporcional à vulnerabilidade dos dados pessoais e, consequentemente, da privacidade dos indivíduos. É justamente esta escancarada invasão da vida íntima dos indivíduos o contraponto central dessa nova lógica de operação do poder.

A privacidade é reconhecida mundialmente como um dos direitos humanos fundamentais.[38]. No Brasil, é um direito fundamental, previsto. no inciso x do artigo quinto da Constituição de 1988. Assim, torna-se relevante a discussão sobre as possíveis formas de resistência social em um cenário em que um direito básico é violado e posto em xeque ininterruptamente.

Tal problematização tem chamado a atenção de diversos grupos que assumem posicionamentos antagônicos à referida conjuntura. Nesse sentido, é possível elencar algumas ações coordenadas e institucionalizadas que formalizam resistência a essa lógica de controle das redes. Assim como os movimentos sociais articulados em rede, tratam-se também de engajamentos sistematizados contra o poder, cujos objetivos são bem definidos, é a resistência real às sociedades de controle.

Um dos grandes ativistas que atua formalmente nas redes é o mundialmente reconhecido "Anonymous". Conforme Machado, mais do que um grupo, ou um conjunto unificado e formal de indivíduos, o "Anonymous" deve ser reconhecido

38. Disponível em *hedra.com.br/r/5hP*

como uma ideia, e justamente "por se tratar de uma ideia, não conta com donos, liderança central e muito menos centro geográfico".[39]

Essa rede Anonymous já protagonizou inúmeras ações contrapondo líderes de estado e declarando apoio aos direitos humanos nas redes. O Anonymous é também um grande incentivador do uso de plataformas *online* que garantem o anonimato dos usuários nas redes.

Ainda, no sentido formal de resistência ao sistema vigente, há esforços que partem especificamente da comunidade científica. Como exemplos dessa atuação cita-se os centros de pesquisa, InternetLab[40] e LabLivre (UFABC),[41] que buscam elucidar as nuances da sociedade atual, debater criticamente essa realidade e propor pesquisas que problematizem o uso da Internet na contemporaneidade.

Também, como ações legitimadas de resistência nas sociedades de controle, evidencia-se a fundamental atuação de organizações dedicadas aos movimentos de regulação da Internet, como o Comitê Gestor da Internet do Brasil (CGI-BR),

39. M.B. Machado. *Por dentro dos Anonymous Brasil: poder e resistência na sociedade de controle*. Dissertação (Mestrado em Ciências Humanas e Sociais) – Universidade Federal do ABC, São Paulo, 2013, p. 21.
40. O InternetLab é um centro independente de pesquisa interdisciplinar que promove o debate acadêmico e a produção de conhecimento nas áreas de direito e tecnologia, sobretudo no campo da Internet. Incentiva o desenvolvimento de projetos que abordem os desafios de elaboração e implementação de políticas públicas em novas tecnologias, como privacidade, liberdade de expressão e questões ligadas a gênero e identidade.
41. O Laboratório de Tecnologias Livres (LabLivre) da Universidade Federal do ABC é um espaço de pesquisa e de articulação entre os saberes da academia e das comunidades tecnológicas. O LabLivre não apenas produz tecnologias, mas também se dedica a analisar criticamente as implicações políticas, sociais, econômicas e culturais que permeiam o universo tecnológico.

[42] chancelado pelo próprio governo nacional, e a *Internet Rights and Principles Dynamic Coalition* (IRPC)[43] reconhecida pela Organização das Nações Unidas (ONU).

Recentemente, o CGI-BR foi fundamental para articular a aprovação do projeto de lei geral brasileira que trata sobre a proteção de dados pessoais. Ainda que traga contradições preocupantes (Silveira, 2018), a referida legislação evidencia um contraponto aos exageros cometidos pela indústria infocomunicacional. Outro importante movimento em prol dos direitos humanos na Internet, sobretudo o direito à privacidade, foi a criação da *Carta de direitos humanos e princípios para a Internet*. O documento, amplamente difundido pela ONU, foi criado pelo IRPC e traz importantes recomendações. Dentre as quais, é possível destacar a seguinte:

> Todos os indivíduos têm o direito à privacidade *online*, incluindo o direito de não ser vigiado, o direito de usar criptografia e o direito ao anonimato *online*. Todos os indivíduos têm também o direito à proteção de dados, incluindo o controle sobre coleta, retenção, tratamento, eliminação e divulgação de dados pessoais.[44]

Todas essas ações apresentadas representam importantes contrapontos ao poder vigente. São engajamentos instituci-

42. O Comitê Gestor da Internet no Brasil tem a atribuição de estabelecer diretrizes estratégicas relacionadas ao uso e desenvolvimento da Internet no Brasil e diretrizes para a execução do registro de Nomes de Domínio, alocação de Endereço IP (Internet Protocol) e administração pertinente ao Domínio de Primeiro Nível *.br*. Também promove estudos e recomenda procedimentos para a segurança da Internet e propõe programas de pesquisa e desenvolvimento que permitam a manutenção do nível de qualidade técnica e inovação no uso da Internet.

43. A *Internet Rights and Principles Dynamic Coalition* (IRPC) é uma rede aberta de indivíduos e organizações com base no Fórum de Governança da Internet da ONU (IGF), empenhada em fazer a Internet funcionar em prol dos direitos humanos (IRPC.

44. Irpc. *Carta de Direitos Humanos e Princípios para a Internet*, p. 8.

onalizados que atuam em defesa dos direitos humanos no âmbito da Internet e promovem conteúdos para conscientização dos cidadãos. Tratam-se, evidentemente, de operações que rechaçam os abusos que permeiam as sociedades de controle. Na proposição de Scott[45] essas mobilizações institucionalizadas, assim como os movimentos sociais articulados em rede no início deste século, poderiam ser classificadas como ações de *resistência real*.

Como explicitado, portanto, tais movimentos de resistência real estão atuando para garantir os direitos da sociedade como um todo. Assim, surge um importante questionamento acerca das ações dos próprios cidadãos que têm suas privacidades expostas diariamente, em praticamente todas suas ações, seja durante a utilização de aplicativos conectados à Internet ou no âmbito *offline*, quando consomem produtos em estabelecimentos físicos, como farmácias, supermercados e restaurantes. Existe resistência desses indivíduos em relação à coleta de seus dados?

Em uma primeira reflexão, questiona-se inclusive sobre a ciência das pessoas em relação a essa conduta de controle na sociedade atual. Certamente, muitos indivíduos não refletem sobre as reais intenções das corporações que solicitam seus dados e, muitas vezes, por intimidação, acabam consentindo. Neste caso, por ausência de consciência sobre o fato, torna-se difícil reconhecer quaisquer ações de resistência.

Contudo, sob a prerrogativa de garantir acesso a serviços, descontos e entretenimento há, ainda, o discurso de pessoas que alegam concordar com essa dinâmica de coleta de dados pessoais e que não conseguem imaginar formas de contrapor esse modo de operação das indústrias infocomunicacionais

45. Formas cotidianas da resistência camponesa, *op. cit.*

sem que o *agradável* modo de vida cosmopolitano seja limitado. Neste caso, também não parece haver, portanto, ações evidentes de resistência partindo dos principais alvos do poder vigente. Entretanto, corroborando as ideias apresentadas por Scott (1990 e 2002), essa suposta passividade evidencia a capacidade de agência dos atores sociais que *escolhem* conceder seus dados por não enxergarem formas de contrapor essa dinâmica social imposta.

Todavia, diante dos recentes escândalos mundiais, amplamente repercutidos pela mídia, envolvendo a temática dos dados pessoais e, ainda, devido aos esforços das instituições que buscam conscientizar a sociedade acerca dessa problemática, há, mesmo que de maneira incipiente, pequenas ações de desobediência e questionamentos emergindo dos próprios cidadãos em seu cotidiano. O já citado InternetLab, em uma de suas ações de conscientização, promoveu recentemente a campanha denominada #PerguntePorque.[46]

Na ocasião, foi divulgado um vídeo na página do Facebook do centro de pesquisa simulando uma situação em que os atendentes de uma fármacia solicitavam fotos, impressões digitais e demais dados pessoais dos clientes para fins de cadastro. Apesar de alguns indivíduos não questionarem e concederem as informações solicitadas, muitos deles mostraram-se surpresos com o posicionamento do atendente, questionaram a situação e alguns se negaram a conceder seus dados.

Até o final de agosto de 2018, a postagem original do vídeo teve cerca de 55 mil visualizações, foi compartilhada aproximadamente 600 vezes, contabilizou quase 100 comentários

46. Internetlab. Disponível em *hedra.com.br/r/H7D*.

e gerou 815 reações, sendo a segunda reação mais apontada, após o tradicional *curtir*, a do *emoji* que representa a feição de assustado/impressionado.

Dentre os comentários apresentados, muitos deles mostraram-se totalmente contra essa conduta e relataram suas próprias experiências.

Além dos comentários no post do Facebook, a campanha #PerguntePorque também teve repercussão na plataforma Twitter. Alguns usuários utilizaram a *hashtag* para relatar casos próprios envolvendo a coleta de dados pessoais. Diante deste caso apresentado, é possível inferir que o simples fato de o cidadão, nas mais corriqueiras situações do dia a dia, questionar às empresas acerca da finalidade de solicitação/uso de seus dados pessoais evidencia uma ação de resistência.

É interessante notar também que, tanto na publicação, como na interação do InternetLab com os usuários, a campanha vem acompanhada da palavra *resista*. Dialogando novamente com as ideias trazidas por Scott, entende-se que, mesmo que em escala reduzida, essa é uma nítida forma de resistência cotidiana, ou seja, não se trata de uma ação articulada conjuntamente entre membros da sociedade civil. São pequenas ações individuais de desobediência que partem dos próprios alvos do poder operado e que, de algum modo, contrapõem o sistema vigente.

OS RUMOS DO CAPITALISMO INFORMACIONAL

As proposições apresentadas neste trabalho evidenciaram os rumos tomados pelo capitalismo informacional que permeiam a sociedade imersa na cibercultura. A Internet trouxe importantes transformações aos indivíduos e sua arquitetura em rede horizontal ampliou a capacidade de articulação dos atores sociais e deu voz àqueles que, até então, não possuíam meios de expressar sua indignação. Contudo, a preponderante lógica do capital também se apropriou com destreza dessa potente ferramenta e vem consolidando uma nova forma de operar o poder por meio da ininterrupta coleta e tratamento de dados pessoais dos bilhões de usuários da rede. Diante desta realidade, discutiu-se neste trabalho sobre as possíveis formas de resistência que eclodem na sociedade cooptada por essa nova lógica de controle.

Assim, foi possível elencar algumas importantes ações institucionalizadas que emergiram na atualidade. Não são como os grandes movimentos sociais e revoluções que geraram marcos históricos na humanidade. Em um contexto de modernidade líquida, essas ações reais de resistência também são fluidas. Elas partem de grupos formais (InternetLab, LabLivre, CGI-BR e IRPC) e, ainda que sistematicamente organizadas, atuam de maneira difusa e multifacetada. Seus resultados são percebidos por meio da mídia, pela concretização de ações de conscientização cidadã e, ainda, pela mobilização governamental em prol de legislações que regulem o mercado de dados pessoais e reforcem os direitos humanos fundamentais.

Partindo para a posição do cidadão diretamente impactado pela dinâmica social atual, foi possível perceber que, mesmo diante de um poder exercido de maneira subliminar e, até mesmo, travestido de benefício, a capacidade de agência dos indivíduos permanece vigente. Ainda que, discretamente, já é possível observar, inclusive, pequenas ações isoladas que representam a resistência cotidiana desses atores sociais.

As problematizações apresentadas neste trabalho demonstram que as ações de resistência formalizadas são capazes de fomentar, paulatinamente, a criticidade dos cidadãos, dando-lhes subsídios e argumentos para exercerem a resistência em suas ações cotidianas. Em meio à situação de extrema invasão de intimidade das pessoas, essas ações de resistência – real e cotidiana – mostram-se complementares e sugerem fôlego para que, ao menos, algum resquício de privacidade seja minimamente garantido aos cidadãos.

BIBLIOGRAFIA

ALVES, Paulo. Big Data: o segredo por trás da eleição de Trump. *Showmetech*, abr. 2017. Disponível em *hedra.com.br/r/sLD*.

ARAÚJO, Rafael de Paula Aguiar; PENTEADO, Cláudio Luis Camargo; SANTOS, Marcelo Burgos Pimentel dos. Democracia digital e experiência de e-participação: webativismo e políticas públicas. *História, Ciências, Saúde*, Manguinhos, v. 22, p. 1597–1619, dez. 2015.

BAUMAN, Zygmunt. *Modernidade líquida*. Rio de Janeiro: Zahar, 2001.

BENKLER, Yochai. *The Wealth of Networks: How Social Production Transforms Markets And Freedom*. New Haven: Yale University, 2006.

BRASIL. *Constituição da República Federativa do Brasil*, 1988. Disponível em *hedra.com.br/r/fYi*.

BOURDIEU, Pierre. *O poder simbólico*. Rio de Janeiro: Bertrand Brasil, 1989.

CASTELLS, Manuel. *A sociedade em rede*. São Paulo: Paz e Terra, 1999.

______. *Comunicación y poder*. Barcelona: Alianza Editorial, 2009.

______. *Redes de indignação e de esperança: movimentos sociais na era da Internet*. Rio de Janeiro: Zahar, 2013.

DELEUZE, Gilles. Post-scriptum sobre as sociedades de controle. *In*: ______. *Conversações*. São Paulo: Ed. 34, 1990.

FOUCAULT, Michel. *História da sexualidade v. 1: a vontade de saber*. Rio de Janeiro: Edições Graal, 2001.

______. *Vigiar e punir*. Rio de Janeiro: Editora Vozes, 2004.

GOHN, Maria da Glória. Movimentos sociais na contemporaneidade. *Revista Brasileira de Educação*, v. 16, n. 47. maio-ago. 2011.

INTERNETLAB. Pesquisa em direito e tecnologia. Site oficial: *hedra.com.br/r/jUv*.

INTERNETLAB, Facebook. *Post campanha #PerguntePorque*. Disponível em *hedra.com.br/r/H7D*.

IRPC. *The Internet Rights and Principles Dynamic Coalition*. Site oficial: *hedra.com.br/r/5hP*.

______. *Carta de Direitos Humanos e Princípios para a Internet*. Disponível em *hedra.com.br/r/5hP*.

LABLIVRE. Laboratório de Tecnologias Livres da Universidade Federal do ABC. Site oficial: *hedra.com.br/r/Bs1*.

LATOUR, Bruno. Networks, societies, spheres: Reflections of an actor-network theorist. *International Seminar On Network Theory: Network Multidimensionality In The Digital Age*, Los Angeles, fev. 2010.

LAZZARATO, Maurizio. *As revoluções do capitalismo*. Rio de Janeiro: Civilização Brasileira, 2006.

MACHADO, Murilo Bansi. *Por dentro dos Anonymous Brasil: poder e resistência na sociedade de controle*. Dissertação (Mestrado em Ciências Humanas e Sociais) – Universidade Federal do ABC, São Paulo, 2013.

MAUSS, Marcel. *Sociologia e antropologia*. São Paulo: Cosac&Naify, 2003.

MENEZES, Marilda A. de. O cotidiano camponês e a sua importância enquanto resistência à dominação: a contribuição de James C. Scott. *Raízes*, v. 21, n. 1, jan-jun. 2002.

MIAN, Mariella Batarra; ZOTELLI, Gabriel Perrenoud. Ações coletivas na era da Internet: A legitimação dos movimentos articulados pela rede. Trabalho apresentado no GT 4 – Ciberpolítica e Cibercultura do Seminário FESPSP *Cidades conectadas: os desafios sociais na era das redes*, 2016.

PAÍS, El. *Caso Cambridge Analytica*. Disponível em *hedra.com.br/r/3L4*.

RAINLE, Lee & WELLMAN, Barry. *Networked: The new social operating system*. Cambridge: The MIT Press, 2012.

SCOTT, James C. Formas cotidianas da resistência camponesa. *Raízes*, v. 21, n. 01, jan-jun. 2002.

______. *Los dominados y el arte de la resistência*. México: Ediciones Era, 1990.

SILVEIRA, Sério Amadeu da. A lei de proteção de dados aprovada por Temer é capenga. *Blog Nocaute*, ago. 2018. Disponível em *hedra.com.br/r/9VH*.

______. *A mobilização colaborativa e a teoria da propriedade do bem intangível.* Tese (Doutorado em Ciências Políticas) – Universidade de São Paulo, São Paulo, 2005.

______. *Tudo sobre tod@s: redes digitais, privacidade e venda de dados pessoais*. São Paulo: Edições Sesc, 2017.

UGARTE, David. *O poder das redes*. Porto Alegre: PUC-RS, 2008.

WIKIMEDIA, Commons. *Personas en red.* Disponível em *hedra.com.br/r/DO8.*

COLEÇÃO «BOLSO»

1. *Don Juan*, Molière
2. *Contos indianos*, Mallarmé
3. *Triunfos*, Petrarca
4. *O retrato de Dorian Gray*, Wilde
5. *A história trágica do Doutor Fausto*, Marlowe
6. *Os sofrimentos do jovem Werther*, Goethe
7. *Dos novos sistemas na arte*, Maliévitch
8. *Metamorfoses*, Ovídio
9. *Micromegas e outros contos*, Voltaire
10. *O sobrinho de Rameau*, Diderot
11. *Carta sobre a tolerância*, Locke
12. *Discursos ímpios*, Sade
13. *O príncipe*, Maquiavel
14. *Dao De Jing*, Lao Zi
15. *O fim do ciúme e outros contos*, Proust
16. *Pequenos poemas em prosa*, Baudelaire
17. *Fé e saber*, Hegel
18. *Joana d'Arc*, Michelet
19. *Livro dos mandamentos: 248 preceitos positivos*, Maimônides
20. *O indivíduo, a sociedade e o Estado, e outros ensaios*, Emma Goldman
21. *Eu acuso!*, Zola | *O processo do capitão Dreyfus*, Rui Barbosa
22. *Apologia de Galileu*, Campanella
23. *Sobre verdade e mentira*, Nietzsche
24. *O princípio anarquista e outros ensaios*, Kropotkin
25. *Os sovietes traídos pelos bolcheviques*, Rocker
26. *Poemas*, Byron
27. *Sonetos*, Shakespeare
28. *A vida é sonho*, Calderón
29. *Escritos revolucionários*, Malatesta
30. *Sagas*, Strindberg
31. *O mundo ou tratado da luz*, Descartes
32. *Fábula de Polifemo e Galateia e outros poemas*, Góngora
33. *A vênus das peles*, Sacher-Masoch
34. *Escritos sobre arte*, Baudelaire
35. *Cântico dos cânticos*, [Salomão]
36. *Americanismo e fordismo*, Gramsci
37. *O princípio do Estado e outros ensaios*, Bakunin
38. *Balada dos enforcados e outros poemas*, Villon
39. *Sátiras, fábulas, aforismos e profecias*, Da Vinci
40. *O cego e outros contos*, D.H. Lawrence
41. *Rashômon e outros contos*, Akutagawa
42. *História da anarquia (vol. 1)*, Max Nettlau
43. *Imitação de Cristo*, Tomás de Kempis

44. *O casamento do Céu e do Inferno*, Blake
45. *Flossie, a Vênus de quinze anos*, [Swinburne]
46. *Teleny, ou o reverso da medalha*, [Wilde et al.]
47. *A filosofia na era trágica dos gregos*, Nietzsche
48. *No coração das trevas*, Conrad
49. *Viagem sentimental*, Sterne
50. *Arcana Cœlestia* e *Apocalipsis revelata*, Swedenborg
51. *Saga dos Volsungos*, Anônimo do séc. XIII
52. *Um anarquista e outros contos*, Conrad
53. *A monadologia e outros textos*, Leibniz
54. *Cultura estética e liberdade*, Schiller
55. *Poesia basca: das origens à Guerra Civil*
56. *Poesia catalã: das origens à Guerra Civil*
57. *Poesia espanhola: das origens à Guerra Civil*
58. *Poesia galega: das origens à Guerra Civil*
59. *O pequeno Zacarias, chamado Cinábrio*, E.T.A. Hoffmann
60. *Entre camponeses*, Malatesta
61. *O Rabi de Bacherach*, Heine
62. *Um gato indiscreto e outros contos*, Saki
63. *Viagem em volta do meu quarto*, Xavier de Maistre
64. *Hawthorne e seus musgos*, Melville
65. *A metamorfose*, Kafka
66. *Ode ao Vento Oeste e outros poemas*, Shelley
67. *Feitiço de amor e outros contos*, Ludwig Tieck
68. *O corno de si próprio e outros contos*, Sade
69. *Investigação sobre o entendimento humano*, Hume
70. *Sobre os sonhos e outros diálogos*, Borges | Osvaldo Ferrari
71. *Sobre a filosofia e outros diálogos*, Borges | Osvaldo Ferrari
72. *Sobre a amizade e outros diálogos*, Borges | Osvaldo Ferrari
73. *A voz dos botequins e outros poemas*, Verlaine
74. *Gente de Hemsö*, Strindberg
75. *Senhorita Júlia e outras peças*, Strindberg
76. *Correspondência*, Goethe | Schiller
77. *Poemas da cabana montanhesa*, Saigyō
78. *Autobiografia de uma pulga*, [Stanislas de Rhodes]
79. *A volta do parafuso*, Henry James
80. *Ode sobre a melancolia e outros poemas*, Keats
81. *Carmilla — A vampira de Karnstein*, Sheridan Le Fanu
82. *Pensamento político de Maquiavel*, Fichte
83. *Inferno*, Strindberg
84. *Contos clássicos de vampiro*, Byron, Stoker e outros
85. *O primeiro Hamlet*, Shakespeare
86. *Noites egípcias e outros contos*, Púchkin
87. *Jerusalém*, Blake
88. *As bacantes*, Eurípides

89. *Emília Galotti*, Lessing
90. *Viagem aos Estados Unidos*, Tocqueville
91. *Émile e Sophie ou os solitários*, Rousseau
92. *Manifesto comunista*, Marx e Engels
93. *A fábrica de robôs*, Karel Tchápek
94. *Sobre a filosofia e seu método – Parerga e paralipomena (v. II, t. I)*, Schopenhauer
95. *O novo Epicuro: as delícias do sexo*, Edward Sellon
96. *Revolução e liberdade: cartas de 1845 a 1875*, Bakunin
97. *Sobre a liberdade*, Mill
98. *A velha Izerguil e outros contos*, Górki
99. *Pequeno-burgueses*, Górki
100. *Primeiro livro dos Amores*, Ovídio
101. *Educação e sociologia*, Durkheim
102. *A nostálgica e outros contos*, Papadiamántis
103. *Lisístrata*, Aristófanes
104. *A cruzada das crianças/ Vidas imaginárias*, Marcel Schwob
105. *O livro de Monelle*, Marcel Schwob
106. *A última folha e outros contos*, O. Henry
107. *Romanceiro cigano*, Lorca
108. *Sobre o riso e a loucura*, [Hipócrates]
109. *Hino a Afrodite e outros poemas*, Safo de Lesbos
110. *Anarquia pela educação*, Élisée Reclus
111. *Ernestine ou o nascimento do amor*, Stendhal
112. *Odisseia*, Homero
113. *O estranho caso do Dr. Jekyll e Mr. Hyde*, Stevenson
114. *História da anarquia (vol. 2)*, Max Nettlau
115. *Sobre a ética – Parerga e paralipomena (v. II, t. II)*, Schopenhauer
116. *Contos de amor, de loucura e de morte*, Horacio Quiroga
117. *Memórias do subsolo*, Dostoiévski
118. *A arte da guerra*, Maquiavel
119. *Elogio da loucura*, Erasmo de Rotterdam
120. *Oliver Twist*, Charles Dickens
121. *O ladrão honesto e outros contos*, Dostoiévski
122. *Sobre a utilidade e a desvantagem da histório para a vida*, Nietzsche
123. *Édipo Rei*, Sófocles
124. *Fedro*, Platão
125. *A conjuração de Catilina*, Salústio
126. *O chamado de Cthulhu*, H. P. Lovecraft
127. *Ludwig Feuerbach e o fim da filosofia clássica alemã*, Engels

COLEÇÃO «HEDRA EDIÇÕES»

1. *A metamorfose*, Kafka
2. *O príncipe: bilíngue*, Maquiavel

3. *Hino a Afrodite e outros poemas: bilíngue*, Safo de Lesbos
4. *Jazz rural*, Mário de Andrade
5. *Ludwig Feuerbach e o fim da filosofia clássica alemã*, Friederich Engels
6. *Præterita*, John Ruskin

COLEÇÃO «METABIBLIOTECA»

1. *O desertor*, Silva Alvarenga
2. *Tratado descritivo do Brasil em 1587*, Gabriel Soares de Sousa
3. *Teatro de êxtase*, Pessoa
4. *Oração aos moços*, Rui Barbosa
5. *A pele do lobo e outras peças*, Artur Azevedo
6. *Tratados da terra e gente do Brasil*, Fernão Cardim
7. *O Ateneu*, Raul Pompeia
8. *História da província Santa Cruz*, Gandavo
9. *Cartas a favor da escravidão*, Alencar
10. *Pai contra mãe e outros contos*, Machado de Assis
11. *Iracema*, Alencar
12. *Auto da barca do Inferno*, Gil Vicente
13. *Poemas completos de Alberto Caeiro*, Pessoa
14. *A cidade e as serras*, Eça
15. *Mensagem*, Pessoa
16. *Utopia Brasil*, Darcy Ribeiro
17. *Bom Crioulo*, Adolfo Caminha
18. *Índice das coisas mais notáveis*, Vieira
19. *A carteira de meu tio*, Macedo
20. *Elixir do pajé — poemas de humor, sátira e escatologia*, Bernardo Guimarães
21. *Eu*, Augusto dos Anjos
22. *Farsa de Inês Pereira*, Gil Vicente
23. *O cortiço*, Aluísio Azevedo
24. *O que eu vi, o que nós veremos*, Santos-Dumont
25. *Democracia*, Luiz Gama
26. *Liberdade*, Luiz Gama
27. *A escrava*, Maria Firmina dos Reis
28. *Contos e novelas*, Júlia Lopes de Almeida

«SÉRIE LARGEPOST»

1. *Dao De Jing*, Lao Zi
2. *Escritos sobre literatura*, Sigmund Freud
3. *O destino do erudito*, Fichte
4. *Diários de Adão e Eva*, Mark Twain
5. *Diário de um escritor (1873)*, Dostoiévski

«SÉRIE SEXO»

1. *A vênus das peles*, Sacher-Masoch
2. *O outro lado da moeda*, Oscar Wilde
3. *Poesia Vaginal*, Glauco Mattoso
4. *Perversão: a forma erótica do ódio*, Stoller
5. *A vênus de quinze anos*, [Swinburne]
6. *Explosao: romance da etnologia*, Hubert Fichte

COLEÇÃO «QUE HORAS SÃO?»

1. *Lulismo, carisma pop e cultura anticrítica*, Tales Ab'Sáber
2. *Crédito à morte*, Anselm Jappe
3. *Universidade, cidade e cidadania*, Franklin Leopoldo e Silva
4. *O quarto poder: uma outra história*, Paulo Henrique Amorim
5. *Dilma Rousseff e o ódio político*, Tales Ab'Sáber
6. *Descobrindo o Islã no Brasil*, Karla Lima
7. *Michel Temer e o fascismo comum*, Tales Ab'Sáber
8. *Lugar de negro, lugar de branco?*, Douglas Rodrigues Barros
9. *Machismo, racismo, capitalismo identitário*, Pablo Polese
10. *A linguagem fascista*, Carlos Piovezani & Emilio Gentile

COLEÇÃO «MUNDO INDÍGENA»

1. *A árvore dos cantos*, Pajés Parahiteri
2. *O surgimento dos pássaros*, Pajés Parahiteri
3. *O surgimento da noite*, Pajés Parahiteri
4. *Os comedores de terra*, Pajés Parahiteri
5. *A terra uma só*, Timóteo Verá Tupã Popyguá
6. *Os cantos do homem-sombra*, Mário Pies & Ponciano Socot
7. *A mulher que virou tatu*, Eliane Camargo
8. *Crônicas de caça e criação*, Uirá Garcia
9. *Círculos de coca e fumaça*, Danilo Paiva Ramos
10. *Nas redes guarani*, Valéria Macedo & Dominique Tilkin Gallois

COLEÇÃO «ARTECRÍTICA»

1. *Dostoiévski e a dialética*, Flávio Ricardo Vassoler
2. *O renascimento do autor*, Caio Gagliardi
3. *O homem sem qualidades à espera de Godot*, Robson de Oliveira

COLEÇÃO «NARRATIVAS DA ESCRAVIDÃO»

1. *Incidentes da vida de uma escrava*, Harriet Jacobs
2. *Nascidos na escravidão: depoimentos norte-americanos*, WPA
3. *Narrativa de William W. Brown, escravo fugitivo*, William Wells Brown

COLEÇÃO «WALTER BENJAMIN»

1. *O contador de histórias e outros textos*, Walter Benjamin
2. *Diário parisiense e outros escritos*, Walter Benjamin